KB131675

이광형, 카이스트의 시간

이광형, 카이스트의 시간

1판 1쇄 인쇄 2020. 4. 14.
1판 1쇄 발행 2020. 4. 24.

지은이 심재율

발행인 고세규
편집 권정민 디자인 조명이 마케팅 백선미 홍보 김소영
발행처 김영사
등록 1979년 5월 17일(제406-2003-036호)
주소 경기도 파주시 문발로 197(문발동) 우편번호 10881
전화 마케팅부 031)955-3100, 편집부 031)955-3200 | 팩스 031)955-3111

값은 뒤표지에 있습니다.
ISBN 978-89-349-0036-8 03320

홈페이지 www.gimmyoung.com   블로그 blog.naver.com/gybook
페이스북 facebook.com/gybooks   이메일 bestbook@gimmyoung.com

좋은 독자가 좋은 책을 만듭니다.
김영사는 독자 여러분의 의견에 항상 귀 기울이고 있습니다.

이 도서의 국립중앙도서관 출판시도서목록(CIP)은 서지정보유통지원시스템 홈페이지 (http://seoji.nl.go.kr)와
국가자료공동목록시스템(http://www.nl.go.kr/kolisnet)에서 이용하실 수 있습니다.(CIP제어번호 : 2020014424)

이 광 형
카이스트의 시간

심재율 지음

김영사

지난 30여 년, 여러 대학에서 활동하면서 예사롭지 않은 교수들을 많이 만났다. 그중 대표적인 교수가 '창발적 아이디어로 미래를 먼저 살아가는' 이광형 교수이다. 창발적 아이디어를 추진하다 보면 으레 반대가 있기 마련이지만, 조직과 국가를 위한 그의 사심 없는 태도가 사람들의 마음을 움직여 성원을 보내게 된다. 저자는 예사롭지 않은 이 교수의 삶의 궤적을 사실에 충실하면서도 감동적으로 저술해냈다.

신성철(카이스트 총장)

이광형 교수님이 국회에 개설한 미래전략 최고위 과정을 수강하면서 2014년 9월 '대한민국 세계 특허 허브 국가 추진위원회'를 출범시켰습니다. 공동대표인 이광형 교수님과 함께 특허보호 강화를 위한 법과 제도의 개선에 많은 성과를 낼 수 있었습니다. 대한민국의 미래를 준비하는 매우 뜻깊은 시간이었고, 큰 보람으로 생각하고 있습니다.

정갑윤, 원혜영(국회의원, 대한민국 세계 특허 허브 국가 추진위원회 공동대표)

이광형 교수는 학제간의 장벽을 허무는 혁신적이고 창의적이며 열정 가득한 학자였습니다. 그의 제자들은 사회 곳곳에서 대한민국을 이끌어 가는 주춧돌 역할을 감당하고 있습니다. 이는 그가 얼마나 뛰어난 선생이었는지를 알 수 있는 척도일 것입니다. 이 책을 읽고 제2, 제3의 이광형 교수와 같은 분이 나오기를 바랍니다.

장순홍(한동대 총장)

이광형 교수는 내 사부이고 가정교사입니다. 나는 이광형 교수를 만난 것을 신의 축복이라고 생각합니다. 사업할 때 도움 받은 것은 물론, 노년에 해야 할 고민을 이광형 교수 덕분에 다 피해갔습니다. 그가 재산을 잘 관리해줘서 한푼도 헛되이 쓰지 않고 멋지게 은퇴했습니다. 그 덕에 번민과 굴레에서 벗어나서 평화롭게 행복한 삶을 누리게 됐습니다.

정문술(전 카이스트 이사장, 전 미래산업 회장)

미래학회의 초대 회장으로 3년간 미래학회의 틀을 잡아주신 이광형 회장님은 항상 미소 가득한 얼굴과 겸손한 모습을 보여주셨습니다. 모든 것을 받아주시는 포용력과 멀리 보는 혜안으로 학회가 나가야 할 방향을 제시해주셨습니다. 이 책은 학교, 학회 그리고 개인의 활동에서 겸양과 낙관과 포용과 혜안의 정신이 얼마나 큰 힘을 발휘하는지 보여주고 있습니다.

김동환(중앙대 교수, 사단법인 미래학회 2대 회장)

많은 사람들이 자신에게 당연히 주어졌다고 생각하는 것들은, 사실 누군가가 인생을 바쳐 만들어낸 것이다. 나는 정문술빌딩에서 8년 동안 모든 혜택을 입고도, 10년이 지나 이 책을 읽고 나서야 누구로부터, 무엇을 받았는지 알게 되었다. 지금 세상에 나온 잘 먹고 잘 사는 법, 부자 되는 법에 관한 100권의 책들보다, 이 책 한 권이 더욱 묵직하게 다가온다.

김상우(연세대 교수)

이광형 교수님은 가능성이 현실이 되도록 씨앗도 던져주고 운동장을 만들어줬으며 굉장히 자유롭게 풀어줬다. 너무 잘 만들어주셔서 깊이 감사드릴 따름이다. 교수와 연구원만 바라보던 내가 아이디스를 창업한 데에는 교수님을 따라 실리콘밸리에서 인턴을 한 것이 절대적인 영향을 미쳤다.

김영달(아이디스 대표)

다들 이광형 교수님을 천사라고 불렀습니다. 카이스트 학생 시절, 회사가 어려움에 빠지고 돈이 떨어져도 다시 도전하던 창업 초창기에 제가 의지할 수 있는 분은 이광형 교수님밖에 없었습니다. 그분께 큰 은혜를 입었고, 아무리 감사를 드려도 모자랄 것입니다.

김정주(넥슨 회장)

이광형 교수님은 프랑스에서 유학 기간의 경험을 《달팽이와 TGV》란 책으로 발간하셨는데, 이렇게 모든 것을 기록하면서 지식재산화하셨던 것 같습니다. 지식재산전략 최고위 과정을 통해, 보이는 재산보다 보이지 않는 지적재산이 얼마나 중요한지를 깨우쳐주셨습니다. 그 덕에 작은 기업을 이끄는 입장에서 미래를 보는 눈을 키울 수 있었습니다.

박윤원(대전과총 회장, (주)비즈 대표)

지식재산대학원은 과학기술과 지식재산 분야의 공부를 통해 세상을 더 넓게 볼 수 있게 해주었습니다. 대한민국의 미래를 대비하기 위해 10여 년 전에 이러한 대학원을 설립하신 선구자적 결정에 늘 경의를 표하며, 이번 책의 출간을 진심으로 축하드립니다.

배용원(대검찰청 공공수사부장)

국가미래전략 고위과정에서 만난 교수님은 과학기술과 미래의 만남을 추구하는 선구자였습니다. 지금 세계는 빠른 속도로 변하고 있는데, 그 중심에는 과학기술이 있습니다. 이러한 시기에 끊임없이 미래를 탐구하는 분을 국가미래전략 과정에서 만나게 된 것은 행운이었습니다. 이 책은 교수님의 족적을 돌이켜보며, 과학기술자의 사회적인 소명에 대하여 생각하게 해줍니다.

이강호(보건복지부 사회서비스정책관)

탐사 저널리즘은 주로 현재와 과거의 문제를 파고듭니다. 이광형 교수님은 늘 대안의 미래를 깊게 내다보고 전하려 합니다. 이런 면에서 그는 탁월한 '미래 탐사 저널리스트'이기도 합니다. 미래전략대학원에서 배운 내용이 저를 탐사 저널리스트로 성장하게 해주었습니다. 이 책은 이러한 미래 탐사의 과정을 흥미롭게 보여주고 있습니다.

이규연(JTBC 탐사기획국장)

이광형 교수는 미래를 내다보는 혜안이 탁월하고 목표를 달성해나가는 추진력이 매우 뛰어나다. 그의 이런 특성 덕분에 한국과학영재학교가 카이스트 부설 학교가 되었다고 생각한다. 이광형 교수가 살아온 과정은 영재교육에 관심있는 교사와 학부모에게도 소중한 길잡이가 될 것이다.

정윤(카이스트 부설 한국과학영재학교 교장)

미래학은 운명론을 거부하지만, 이광형 교수님과의 인연은 역설적이게도 운명적이었습니다. 미래학 관련 학위의 과정을 찾던 나에게 과학 저널리즘 대학원 석사 과정은 한 줄기 빛이었습니다. 이렇게 시작한 인연이 미래전략대학원과 미래학회·국회미래연구원까지 이어졌습니다. 이 책은 '미래를 가장 정확히 예측하는 방법은 미래를 창조하는 것'이라는 말을 실증해주고 있습니다.

최준호(중앙일보 과학·미래전문기자)

소년 정신과
열정 바이러스

1998년이 끝나가던 무렵이었다. 그때 나는 〈카이스트〉라는 드라마를 준비하고 있었다. 이공계 대학생들을 주인공으로 하는 드라마였는데, 그 분야에 대해 문외한이었던 나는 아예 카이스트 학내에 기거하며 취재를 하고 있었다. 소재는 많았다. 다뤄야 할 에피소드는 무궁무진해 보였다. 내가 모르는 전문적인 부분은 이 카이스트 내에 차고 넘치는 전문가들의 도움을 받아가며 메꿔낼 수 있을 것이라 믿었고, 취재 노트는 매일 두꺼워져 갔다. 그래도 여전히 불안했다. 하루에도 몇 번씩 그만둘까 갈등했다.

이유는 하나, 이 드라마를 통해 무엇을 말해야 할지 확신이 서지 않았기 때문이다. 과학 이야기를 빙자한 흔한 사랑 이야기가 될까 무서웠고, 어설프게 다뤄서 오히려 저들에게 해가 되지는 않을지 걱정되었다. 과학을 잘 아는 다른 작가가 다뤄야 할 것을, 내가 설레발쳐서 좋은 소재를 날려버리지는 않을까. 세상에는 의욕만 앞선 사람들이 괜히 나서서 일을 망치는 경우가 참 많지 않은가.

그러던 어느 날, 학생들과 이야기를 하던 중이었다. 괴짜 교수를 소개해달라고 했더니 이구동성 한 교수님의 이름을 거론했다. "얼마나 괴짜인지 나를 설득시켜 줘"라고 했더니 몇 가지 에피소드를 알려줬다. 그분이 낸 과제 중에 '고무줄로 할 수 있는 일 20가지 이상 적기'라는 게 있었단다. '남들이 풀 수 없는 문제 만들어오기'도 있다고 했다. 누군가 그 문제를 풀면 출제자의 점수를 깎고, 아무도 못 풀면 점수를 올려준단다. 이광형 교수님이라고 했다. 기억해보니 전에도 몇 번 들었던 이름이다. 무조건 만나야겠다 싶어서 연락을 드렸다.

이 교수님과 첫 만남의 첫인상은 '소년'으로 압축할 수 있다. 그리고 신기하게도 20년이 지난 지금도 그분을 만나면 똑같은 인상을 받는다. '소년.' 처음 만나 인사를 하고 한참을 이야기하고, 내 기억에 식사 자리까지 이어졌던 거 같다. 그리고 '유레카!'가 왔다. '아아, 드라마에서 이런 이야기를 하면 되겠구나.'

솔직히 나는 이 교수님을 만나고 처음 알았다. 공부하는 걸 이렇게 재미있어하는 사람이 이 세상에 존재한다는 것을. 그와 얘기하다 보면 세상 모든 소재가 다 재미있는 무엇이 된다.

"젓가락은 왜 두 개일까요? 생각해보세요. 재밌잖아요."

"뭉치면 살고 흩어지면 죽어요? 왜요? 당연히 뭉칠 때 더 잘 죽죠. 확률을 한번 계산해볼까요? 재미있겠는데."

"교수가 할 일요? 학생이 뭘 하겠다면 내버려두는 거요. 아무것도 안 하겠다는 게 문제지. 뭘 하겠다는 게 왜 문제가 돼요? 말도 안 되게 이상한 걸 하겠다는 학생이면 더 좋아요. 왜냐고요? 재밌잖아요." 대충 이런 식이었다.

그랬다. 나는 취재를 하면서 소재만 열심히 찾았지, 그 소재 속의 사람들이 왜 그렇게 공부를 하고 연구하는지는 생각하지 못했다. 그런데 재미있어서라고? 나 자신, 평생 재미있어서 공부해본 적이 30분도 안 되기 때문이다. 어쩌면 대한민국의 수많은 학생들도 모르고 있을 것이다. 왜 공부를 하는가? '재미있어서'라는 걸 보여줄 수 있다면 정말 굉장하겠는걸!

이광형 교수님을 만난 뒤 드라마에 새로운 인물이 추가되었다. 딱 그분을 모델로 한 전산과 교수다. 평소 보고 듣고 염탐한 이광형 교수님의 어투, 어록, 에피소드를 아낌없이 사용했으나 이제껏 제대로 사용료를 지불하지 못했다. (교수님의 너른 혜량에 감사드립니다.) 다행스럽게도(정말 감사하게도) 이 교수님은 드라마 제작도 아주 재미있어 해주셨다. 작가가 모르는 부분 A를 물어보면 교수님은 A의 변형 모델 12가지를 알려주었다. 그리고 B나 C도 재미있을 텐데 왜 안 쓰냐고 해맑게 질문해왔다. 고맙다는 인사를 마치고 돌아오는 길에 D에 대한 이메일이 날아오기도 한다.

그렇게 알려준 이야기 중 하나는 '벤처의 꿈'이란 에피소드로 제작되었다. 당시 벤처회사를 창업한 제자가 많았다. 그때 소개로 만난 제자들과 이야기를 해보니, 대부분 다른 학과에서 '제대로 공부를 안 한다고 쫓겨나 이 교수님 슬하에 자리 잡게 된 이들'이었다. 그중에는 나 같은 문외한이 이름만 들어도 알만한 성공을 이룬 이들도 여럿이었다. 재미있어서 뭔가에 미쳐버린 제자들을 품어주고, 계속 미치게 해줄 뿐 아니라 함께 미쳐준 교수, 그가 이광형 교수다.

천재는 노력하는 자를 이길 수 없고, 노력하는 자는 즐기는 자를 이길 수 없다고 했던가. 고된 학문의 길도, 짓눌리는 청춘의 고뇌도, 아프고 무거운 오늘의 모든 것을 "재미있어!"라고 말할 수 있을 때까지 성장하는 아이들의 이야기를 쓰려고 노력했다. 그것이 내가 이광형 교수를 만나서 얻은 '하고 싶은 이야기'였다.

드라마가 끝난 뒤 몇 번 카이스트에 갈 일이 있었다. 드라마 〈카이스트〉 시즌 2의 기획이 슬그머니 시작되었다가 무산되기도 했고, 카이스트의 행사 자리에 초대받기도 했다. 그때마다 그곳엔 이광형 교수님이 있었다. 특유의 해맑은 웃음을 납재한 만년 소년, 이 교수님을 뵐 때마다 드라마 카이스트를 쓸 때의 나를 기억하게 된다.

그때 나는 연이은 밤샘 작업이 재미있었고, 매회 에피소드를 만들어내며 열정에 불타 그을리곤 했다. 이제 생각하니 그게 이광형 교수의 교수법이었나보다. 그는 주변 사람들을 전염시키는 바이러스 같은 것을 지닌 숙주다. '이광형 바이러스'는 자신도 모르던 내부의 열을 끌어올려 열정을 분출시키는 작용을 한다. "재미있지? 거봐 재미있잖아." 주문을 외면서. 아무튼 좀 위험한 인물이다. 몇 년 전이었나. 몇 년 만에 카이스트를 방문했을 때 이 교수님은 연못의 새로운 거위 가족들을 소개해줬고, 수백억 원의 기부를 받아 지은 생명공학 건물을 구경시켜주었다. 모르긴 해도 그 수백억을 기부하신 분 역시, 이광형 바이러스에 전염되고 열정 질환에 걸려 그리하였을 것이다.

이광형 교수님은 만날 때마다 본인이 집필한 신간 서적을 선물해주는데 (그때마다 소위 작가인 나는 자괴감을 느끼는데), 그중에 매년 업그레이드되는 《카이스트 미래전략》이라는 책이 있다. 너무나 두꺼워서 다는 못 읽지만 이광형 교수님이 쓰는 서문은 꼭 읽는다. 그 서문에 선비정신에 대한 구절이 있다.

"우리는 국가와 사회로부터 많은 혜택을 받고 공부한 지식인들이다. 국가에 진 빚이 많은 사람들이다. 이 시대를 사는 지식인으로서 국가와 사회에 보답하는 길이 있다면 선비정신을 바탕으로 국가와 국민행복을 위해 미래전략을 내놓는 것이다."

글로 읽으면 사뭇 근엄하게 느껴지지만, '아마 요즘 이광형 교수님이 제일 재미있어하는 것은 이 나라의 국가전략을 짜는 일인가 보다'라고 받아들인다.

내 나이는 아래지만 속으로 감히 이광형 교수님을 내 오랜 친구로 여기고 있다. 해마다 카이스트 교정에 함께 심었던, 모과나무 열매를 한 상자 가득 채워 보내주는 친구. 언제나 만나면 20년 전 나를 태웠던 재미와 열정을 되살리게 해주는 그런 친구. 아직도 모든 게 재미있어서 매일 웃는 나의 친구다.

그런 내 친구 이광형 교수님에 대한 책이 나온다니 기쁘고 기대된다. 그분의 소년 정신과 열정 바이러스를 책 한 권으로 읽을 수 있다니 신나는 일이다!

송지나 (방송작가)

한 명의 교수는
어떻게 만들어지는가

누구에게나 물러날 때는 온다. 이광형 카이스트 교수, 그도 그 시점을 맞이했다.

오랫동안 자주 만나온 사람은 오히려 진면목을 제대로 알기 어렵다. 자식에게 부모가 그러하듯, 나에게는 이광형 교수가 그런 대상이었다. 이광형 박사가 카이스트 전산학과의 젊은 교수일 때 취재원과 기자로 처음 만났으니, 우리의 관계는 아마 30년 남짓 되었다. 1990년대 말부터 일기 시작한 벤처 투자의 붐 속에서, 그는 어린 제자들의 창업을 잘 도와주는 특이한 교수였다. 당시 이광형은 글을 잘 썼지만, 자기 자신의 연구나 활동 내용을 열정적으로 설명하는 달변가는 아니었다. 교수로서는 다소 이색적으로 낡은 검은색 티뷰론 자동차를 몰고 다녔던 것이 기억이 난다. 젊은 교수와 젊은 기자, 30년 후에 우리가 각자 어떤 모습으로 어떤 길을 걸어오게 되는지 그때는 알지 못했다.

시간이 꽤 많이 흘러, 나는 조간신문을 떠나 인터넷 신문에 기고를 하고 있었다. 원고지 서너 장 분량의 짧은 글을 쓰다가 갑자기 기사 한 꼭지를 소설처럼 늘여도 아무도 간섭하지 않았다. 그동안 젊은 교수는 발언권이 강해진 중견 교수가 되어 있었다. 한동안 과학기자의 무대를 떠나 있던 내가 이광형 교수의 이름을 검색해보았더니 정문술 회장의 이름이 함께 포털 화면에 떠올랐다. 정문술의 카이스트에 대한 과감한 기부가 기자의 호기심을 자극했다.

다시 이광형을 찾았다. 그의 태도는 조금 달라져 있었다. 그는 이제 "하고 싶은 말을 하겠다"고 했다. 그렇다면 그동안은 할 말을 못했다는 것일까? 언뜻 그 말속에 담긴 속내가 궁금했지만, 어쨌거나 나는 그가 쏟아내는 말을 한마디도 버리지 않고 기사로 정리해서 인터넷에 올렸다. 한 번 쏟아지는 분량이 쉽게 원고지 100장을 쉬이 넘겼다. 이광형은 마음속에 쌓인 '할 말'을 뱉어내는 재미에, 나는 한 글자도 줄어들거나 편집되지 않는 재미에 계속 만났다.

출사표

이광형 교수의 연구실에 가니 거꾸로 걸어놓은 텔레비전이 눈에 들어왔다. 삼국지의 고향 중국 청두에 가서 사 온 '출사표出師表' 부채와 이순신 장군이 썼다는 '필사즉생 필생즉사必死則生 必生則死' 글씨 액자도 보였다. 그가 고안해낸 3차원 창의력 개발법, 미래예측 방법인 스테퍼STEPPER, 정문술 회장의 남다른 기부와 후원 등에 대해 이야기를 나누다 보니, 그가 얼마나 끊임없이 노력하고 헌신했는지 말끝마다 느껴졌다.

나는 그가 원로 교수의 위치에 오르면서 학교의 운영과 행정을 담당하는 역할로 변해 있을 거라 감히 추측했다. 반짝반짝하는 젊은 지성과 윤기는 묵직한 장맛으로 가라앉았을 것 같았다. 이 선입견에 커다란 망치가 떨어졌다. 중국에서 발원한 코로나 바이러스의 변종인 코로나19가 전 세계를 휩쓸던 2020년 1월 말, 이제는 카이스트 부총장이 된 이광형을 작가의 신분으로 다시 만났다. 코로나19가 기숙사에 머무는 학생들에게 미칠 영향을 차단하기 위해, 그는 야전 사령관처럼 온갖 비상 상황을 철두철미하게 진두지휘하고 있었다. 속속 도착하는 중국 학생들을 안전하게 별도의 기숙사에 격리시키고, 식사나 생활에 불편함이 없도록 지원책을 마련하고, 이러한 일을 할 행정 인력을 지원하기 위해 시시각각 의사결정이 필요해 보였다.

그의 책상 위에 놓인 '카이스트 조직도'가 눈에 들어왔다. 거꾸로 놓여 있었다. 이게 뭐냐고 물었다. 그는 "섬겨야 할 사람을 알기 위해서 뒤집어놨다"고 답했다. 정말, 뒤집어진 조직도를 보니 모든 구성원이 그보다 위에 있었다. 부총장 아래 있는 사람은 총장 한 사람뿐이었다. 그가 부총장에 취임했을 때 카이스트 신문에 인터뷰 기사가 실린 적이 있다. 기사 제목이 "예스맨이 되겠습니다"였다. 뒤집어진 조직도를 보니 그 기사의 제목이 이해가 갔다.

한 명의 교수는 어떻게 만들어지는가

어느 날, 그는 제자들의 갑작스런 연락을 받았다. 2020년이 이광형 교수가 정년퇴임하는 때이다 보니, 제자들은 매년 봄마다 개최하던 홈커밍데이에 더욱 신경을 쓰고 있었다. 2020홈커밍데이 장소는 판교에 있는 김영달 사장의 아이디스에서 하기로 했다고 제자들이 알려왔다.

그가 금년에 은퇴한다는 소식을 들으니 그즈음 프리랜서 작가였던 필자에게 더욱 호기심이 생겼다. 한 사람의 인생은 어떻게 만들어지는가? 한 교수는 어떻게 만들어지는 것일까? 30년 전 취재원으로 만났던 한 신진 교수가 정년퇴직을 하기까지 어떠한 일들이 일어났으며, 한 사람으로서 어떠한 행로를 걸어왔을까? 그의 노력과 도전 기록을 탐구해보고 싶었다.

며칠 후, 집필기획안을 가지고 김영사 고세규 사장을 만났다. 평범하지 않은 한 교수의 삶을 되짚어보자고 제안했다. 한 사람의 교수로서, 어떻게 615억 원이라는 거액을 기부 받아서 여러 개의 학과를 만들었는지, 어떻게 새로운 학과와 학문을 개척해왔는지, 세계적인 회사를 창업한 제자를 여러 명 배출할 수 있었는지 궁금하지 않느냐 물었다. 고세규 사장은 선뜻 출간에 응해왔다. 용기를 얻어 본격적으로 취재와 인터뷰를 시작했다.

두 번째로 부총장실을 방문했을 때, 이광형은 누군가와 통화를 하고 있었다. 토요일에 시간을 낼 수 있으면 카이스트 도곡 캠퍼스에 만나자고 조심스러운 말투로 전하는 목소리가 들려왔다. 과학 저널리즘에 관련된 논문 연구를 위하여 미팅을 제안하는 모양이었다.

그날 저녁 식사에, 화제는 자연스럽게 코로나19의 현재 상황, 그에 따라 기숙사를 어떻게 관리해야 하는지에 대한 이야기로 옮겨갔다. 중국 유학생들이 들어오면 2주간 별도의 기숙사에 격리시키고 있으며, 이들이 식당에 오지 않도록 각 방으로 도시락을 배달하기로 했다는 이야기도 들었다.

대화를 이어가는 중 귀를 솔깃하게 하는 말이 나왔다. 몇 년 전 바이오및뇌공학과 박사 과정 학생이 쓴 논문이 있는데, 전염병이 어떻게 퍼지는가에 대한 내용이라는 것이다. 갑자기 온몸의 신경이 팽팽해졌다. 논문 내용에 대해 몇 가지를 빠르게 질문했다. 전염병은 반드시 꺾이는 시점이 생긴다, 그 시기를 알려주는 선행지수는 회복률이다, 꺾이는 시점은 전염병 상황이 지나봐야 알지, 당시에는 알기 힘들다, 주식시장의 주가가 꺾이는 시점은 지나봐야 알수 있는 이치와 마찬가지. 만약 주가의 선행지수가 있으면 예측할 수 있다, 전염병도 꺾이는 시점을 미리 알려주는 선행지수가 있으면, 예측 가능하다. 그것이 바로 회복률이다.

전염병에 감염됐다가 회복된 사람의 비율을 보면 언제 꺾이는지 그래프가 나온다. 어떠한 전염병이든지 아무런 격리 조치를 취하지 않고 놔둬도 최대 27퍼센트 사람이 감염되었다가 회복되면 확산세가 꺾인다는 것을 모의실험 결과로 확인했다. 격리 조치를 취하면 훨씬 미리 꺾일 수 있다. 다소 과격한 가정일지 모르지만, 치사율이 100퍼센트라고 해도, 매일 접촉자 숫자를 7인 이내로 관리하면 인류는 멸망하지 않는다고 그는 단정적으로 말했다. 전염병에 걸려서 사망하면, 다른 사람을 감염시킬 기회가 사라지기 때문이다.

나는 그 논문의 교신저자corresponding author가 누구인지 몹시 궁금해졌다.

"그런데 교신저자가 누구였나요?"

갑자기 이광형이 우물거리는 것 같았다. 왜 묻느냐는 표정이었다.

"제가 교신저자를 했죠."

나도 모르게 목소리가 커졌다.

"교수님이 했다고요?"

교신저자란, 말하자면 지휘자 역할을 하는 과학자를 말한다. 학생에게 연구 방향을 제시하기도 하고, 학생이 쓴 논문을 큰 테두리에서 지도하거나 잘못된 부분이 있으면 방향을 전환하도록 조언하기도 한다. 쉽게 말해, 교신저자가 없으면 논문은 태어나지 않는다.

그 순간, 이광형이 얼마나 창의적이 되려고 노력했는지 절실하게 느껴졌다. 텔레비전을 거꾸로 달아서라도 남들과 다른 창의력을 발휘하겠다는 진정성이 전해졌다.

박사 과정 학생의 자퇴 각서

그 논문을 쓴 김기성 박사는 만학도였으며 가정을 꾸려야 하는 생활인이었다. 김기성은 30대 중반의 늦은 나이에 바이오및뇌공학과 박사 과정에 원서를 넣었다. 물리학을 전공한 김기성은 이미 결혼해서 슬하에 자녀가 있고 벤처기업에 다니고 있었다. 여러 악조건에도 불구하고 입학 신청을 한 것은 대견스러웠지만, 다른 교수들이 그의 입학을 주저했다. 졸업하기 어렵다고 본 것이다. 교수들 사이에 갈팡질팡 의견이 엇갈렸지만, 이광형은 "한번 해보자"고 결단을 내렸다.

이광형은 평범하지 않은 학생들을 괜찮게 보려는 경향이 있다. 입학 면접시험에서도 이상하거나 특이한 학생에게 대체로 점수를 잘 주는 편이다. 나중에 그런 학생들은 '모 아니면 도'가 되는 것 같더라고 말한다. 성실해 보이는 사람은 그저 그렇게 자기 앞가림은 잘하지만, 다른 사람을 먹여 살리는 경우는 없는 것 같다고 말한다.

김기성은 간신히 입학했지만, 이광형은 걱정을 완전히 떨쳐버릴 수 없었다. 1년 동안 김기성은 헤매는 것 같았다. 연구 주제를 확실히 정하지도 못했다. 다른 후배 교수들 역시 나이 든 박사 과정 학생이 부담스럽기는 마찬가지였다. 하는 수 없이 김기성은 이광형의 제자가 됐다. 은퇴가 가까우면 제자를 받지 않으려고 했지만, 결국 제자가 한 명 생겼다. 일단 제자로 받고 나서 이광형은 김기성에게 각서를 쓰라고 하며 이렇게 불러줬다. '3년 이내에 졸업하지 못하면 자퇴하겠습니다.'

"날짜는 쓰지 말고 이름을 쓰고 서명하세요."

김기성은 각서와 이름은 썼지만 서명은 하지 않고 버텼다. 이광형은 책꽂이 기둥 벽 안쪽 잘 보이는 곳에 이 각서를 압정으로 꽂아놓았다. 문을 열고 들어오면 가장 잘 보이는 위치였다. 김기성은 이광형을 만나러 올 때마다 각서에 눈이 마주치면 고개를 푹 숙였다.

카이스트 박사 과정이면 기본적으로 국비장학금을 받는다. 학비를 받지 않는 대신 이광형은 이 정도의 요구는 가능하다고 본 것 같다. 카이스트는 교수가 아무리 자기 제자를 졸업시키고 싶어도 국제적인 저널에 논문을 내지 못하면 졸업이 안 된다. 국제적이라는 기준은 SCIScience Citation Index에 들어가는 저널을 말한다.

이 제자를 어떻게 길러야 하나 노심초사하던 중 2015년이 됐다. 메르스가 온 세계를 휩쓸 무렵이었다. 한국에서도 모임이나 행사가 취소되고 경제 상황이 타격을 입는 등, 많은 피해가 있었다. 이광형은 전염병이 인류를 멸망으로 몰고 갈 수 있는지, 몹시 걱정이 됐다. 앞으로 세계적으로 새로운 전염병은 계속 나타날 것이었다, 모를 때 두려움은 더 커진다. 메르스나 사스가 처음 나타날 때 관심이 집중되는 이유는 대략 이 두 가지로 집중된다. 하나는 전혀 알지 못했던 새로운 전염병이기 때문이다. 두 번째는 인간의 멸망이라는, 인류에게 아주 오랫동안 잠재되어 있는 깊은 두려움 때문이다.

새로운 전염병이 나타나더라도 예측이 가능한 부분이 조금이나마 있다면, 이 두려움은 훨씬 줄어들면서 효과적으로 대처 방법을 마련할 수 있다. 김기성은 이광형의 제안을 받아들여 논문에 착수했다. 김기성의 학부 전공이 물리학인 것도 도움이 됐을 것이다.

거절할 수 없는 제안

오랫동안 과학기자를 한 나에게도 대학 행정을 담당하고 있는 교수가 최첨단의 전염병 확산 연구를 주도했다는 점은 정말 뜻밖이었다.

그는 "사람들은 내가 뒤에서 얼마나 노력하는지 잘 모른다"고 말한 적이 있다. 전염병 예측 모델 발견도 마찬가지이다. 과학 저널리즘 과목 중에 식량과 질병에 대한 화공과 교수의 수업이 있었다. 수업이 어떻게 진행되는지 알고 싶기도 하고, 새로운 분야에 대한 배움도 채우기 위해 그는 다른 교수의 강의에 들어가서 청강하곤 했다. 화공과 교수가 수업시간에 질병 이야기를 하는데, 순간 이광형은 '독한 전염병이 일어나면 인류가 멸종할 수 있겠구나' 하는 염려가 생겼다. 그렇다면 어떤 조건의 질병이 나타나야 인류의 멸종이란 비극이 발생하는지, 혹은 질병에 의한 인류 멸종이 가능한지를 연구하고 싶었다.

김기성은 이 제안을 받아들였다. 새로운 이론을 공부해야 하고, 컴퓨터 시뮬레이션 프로그램도 짜야 했다. 전염병의 특징도 알아야 했다. 집안 살림에 사업도 해야 하는 김기성은 4년 걸려 마침내 논문을 완성했다. '3년을 넘기면 퇴학'이라는 각서를 썼던 김기성은 한 학기 동안은 아예 얼굴도 비치지 않았다. F학점을 받았는데 그다음 학기 학점도 F였다. 두 학기 연속 권총이면 자동으로 퇴학이다. 김기성은 성적 열람 기간 중 인터넷으로 성적 확인을 했는지, 먼저 전화를 걸어왔다. 이광형이 각서를 지키라고 몰아붙이니 김기성이 울음 섞인 말투로 정말 잘하겠다고, 한 번만 기회를 달라고 사정했다. 최종 성적 수정 기간에 김기성은 마지막 기회를 얻게 되었다. 그리고 결국은 논문을 완성했다.

아까 부총장실에서 얼핏 들렸던 그 조심스러운 목소리의 통화는, 예정에 없이 추가로 논문지도에 참여할 지도교수를 섭외하는 전화였다. 그가 막상 정년퇴임하려니 목에 걸리는 사람이 두 명 있었다. 모두 다 현직 중견 언론인이었다. 카이스트 과학 저널리즘 박사 과정인 두 학생은 학위를 따지 못할 것이 분명했다. 그래도 제자인데, 그냥 수료증만 주고 끝낼 수는 없다고 그는 생각했다. 학생들이 뒤로 뺄 수 없는 제안을 내놓았다. 서울 도곡 캠퍼스에서 매주 토요일에 만나서 학위 논문을 논의하자, 논문 주제 선정이 쉽지 않을 것이니, 추가로 지도교수를 초빙해올 것이며, 그도 참석하겠다는 처방이었다.

심재율

1장. 도전가

2장. 혁신가

KAIST

1 도전가

정문술 회장과 함께

515억
기부금

2014년 1월 10일 오전, 서울 리츠칼튼 호텔에서 이목을 끄는 행사가 열렸다. 2001년에 카이스트에 300억 원을 기부한 바 있던 정문술 회장이 또다시 215억 원 기부를 약정하는 행사였다. 미래산업을 창업하고 한때 카이스트 이사장직도 맡았던 정문술 회장과 강성모 카이스트 총장 그리고 이광형 바이오및뇌공학과 교수 등 20여 명이 참석했다. 정문술은 현금 100억 원은 즉시 기부하고, 부동산 115억 원은 5년 기한 유증 형태로 기부했다. 그는 이 자리에서 이런 말을 했다.

"대한민국의 미래에 대한 혜안과 인품, 자격을 갖춘 지도자가 그 어느 때보다도 필요한 때입니다. 기본이 잘 다져진 빼어난 지도자를 선발하고 교육·양성해주길 바랍니다."

첫 기부는 대한민국에 융합교육의 씨앗을 뿌리는 바이오및뇌공학과 설립에 쓰였다. 뇌 인지과학 인력 양성에도 사용되었고, 'BTBio Technology +ITInformation Technology 융합기술을 개발해서 우리나라의 차세대 먹거리를 찾는 것이 목적이었다. 이번 기부는 그다음의 단계를 준비하고 겨냥한 것이었다.

그런데, 2001년 정문술은 처음 기부할 때부터 매우 이례적인 전제조건을 달았다. 반드시 이광형이 이 금액을 집행해야 한다는 것이었다. 이번에도 그 전제조건은 그대로였다. 도대체 정문술은 왜 그토록 이광형을 신뢰하는 것일까? 약정식이 열리고 며칠 지나, 옛날 일을 기억하는 필자를 만났을 때, 이광형은 이런 말을 했다.

"10여 년 동안 숨죽이며 살았습니다. 나도 이제 말을 하면서 살고 싶습니다."

2001년 300억 원을 기부 받아 이광형은 건물을 짓고 학과를 만들고 인력을 양성하고 연구성과를 내면서 달려왔다. 기부자의 뜻을 살려야 한다는 일념으로 말을 아끼고 참고 참았던 그 모든 시간의 무게가 이 두 마디에 응축된 것처럼 느껴졌다.

아직 갈 길은 멀지만, 정 회장이 첫 기부 성과에 만족한다며 이광형을 통해 두 번째로 기부를 함으로써, 이광형은 세상을 향해, 그리고 다른 사람들을 향해 더더욱 당당할 수 있게 되었다. 거액을 기부한 뒤 10여 년이 지나 또다시 거액을 기부하기란 쉽지 않다. 그것도 같은 사람에게 수백억을 기부하기란 정말 쉽지 않다. 도대체 그 사이에 무슨 일이 벌어진 것일까?

운명을 바꾼 전화 한 통

1996년 이광형 교수는 석사·박사 과정 학생 7~8명을 데리고 천안에 있는 미래산업 본사를 방문했다. '기술사관학교'로 알려진 미래산업이라는 벤처기업이 '정도 경영', '거꾸로 경영'을 실천하며, 회장이 회사를 자식에게는 물려주지 않겠다고 선언한 것을 어느 신문에서 보고 호기심이 생겼기 때문이었다. 일면식도 없는 사람에게 이광형이 다짜고짜 전화해서 이루어진 방문이었다. 지나고 보면 운명은 이와 같이 사소한 것에서 출발하는 것인가 보다. 그 당시 전화를 걸지 않았다면, 방문 요청이 거절당했더라면 오늘날 카이스트에 바이오및뇌공학과와 문술미래전략대학원이 존재하지 못했을 것이다.

당시 미래산업의 가장 취약한 부분은 소프트웨어였다. 하드웨어 쪽은 진용을 갖췄는데 소프트웨어 엔지니어 수가 부족했다. 고도의 자동장비를 개발하려면 많은 인원이 필요했다. 하드웨어에 소프트웨어가 내장된 기계를 메카트로닉스mechatronics라고 불렀다. 정문술의 임무는 주로 미국이나 일본 등으로 기술 동냥을 다니는 것이었다. 소프트웨어 엔지니어를 양성하고자, 미래산업은 외국 회사에 근무했던 소프트웨어 개발자나 프로그래밍을 독학한 직원을 채용해 미국 보스턴으로 연수도 보냈다. 그러나 1~2년 배워서 될 일이 아니었다. 오죽했으면 필리핀 마닐라 공대 전자공학과에서 소프트웨어를 배운 졸업생까지 스카우트할 정도였다.

그런데 마침 정문술이 찾는 인재들을 이광형이 데리고 온 것이다. 그러더니 요청하지도 않았는데 자기 발로 찾아와서 연구개발에 참여하겠다고 말했다. 트렌드를 읽는 안목을 가진 정문술은 이광형을 대화 상대로 삼아 그의 자질을 확인했다. 정문술은 "한마디로 이광형은 내 사부이고 가정교사이다. 나는 전자공학이나 기계공학을 전혀 모르지만, 내가 의외로 개념 습득이 빠르다. 들어보면 이해를 빨리 한다"고 말했다.

정문술은 이광형을 붙잡아놓고 싶었다. 미래산업의 석좌교수로 임명하면 지속적으로 관계를 이어갈 수 있을 것 같아서 이광형에게 "석좌교수로 초빙할 수 있느냐"고 물었다. 관문이 많았다. 석좌교수가 되는 데 연령 제한을 둔 내부 규정상 이광형은 나이가 적어 조건을 갖추지 못했다. 그것을 뛰어넘는 방법으로 '석좌기금 15억 원'이 있었다. 큰돈을 내면 내부 위원회를 거쳐서 규정을 고칠 수 있다고 했다. 정문술은 이제 겨우 회사 부채를 정리하고 뻗어나가는 때였음에도, 직원들의 반대를 무릅쓰고 15억 원을 출연하겠다고 결단했다. 이전에 미래산업에서 그런 돈을 써본 적이 없었다.

적지 않은 도움을 받은 정문술은 1년쯤 지나 이광형에게 "왜 다른 교수들처럼 연구비를 달라고 하지 않느냐"고 물었다. 이때의 이광형의 대답이, 정문술이 카이스트에 기부를 결심하는 결정적 계기가 됐다. 이광형은 이렇게 말했다. "장학금 받으면서 카이스트를 다녔고 모교 교수까지 됐으니 이미 많은 혜택을 받았습니다. 좋은 회사의 성공에 도움을 주는 것이 빚 갚는 일이죠."

2001년 1월 2일 시무식을 앞두고 정문술은 생각했다. 자기 손으로 미래산업을 창업했지만, 마르고 닳도록 하면 안 된다고 생각했다. 자식에게 자기 인생을 개척할 기회를 줘야 하는데 그것을 박탈하는 것은 잔인한 일이다. 기업이란, 특히 법인은 자기만의 것이 아니므로 자자손손 물려주는 것도 부당하다고 생각했다. 공무원 정년인 65세 되는 해에 아무와도 상의하지 않고 회사 지분을 전부 처분했다. 그 뒤 정문술은 단 한 번도 미래산업을 방문하지 않았다.

이 교수가 구상해보세요

2001년 1월 2일, 정문술 회장의 갑작스런 은퇴 소식이 퍼지며 많은 사람들이 그를 찾았다. 명예박사를 수여하겠다는 대학들만 일곱 군데였다. 어느 날, 정문술이 이광형에게 오후에 어느 대학 총장을 만나기로 약속이 잡혀 있다고 했다. 이광형이 받아 말했다.

"명예박사 학위 받지 마세요. 받아서 뭐해요."

"그렇지? 그래."

정문술은 그 약속을 취소해버렸다.

2001년 2월 23일, 정문술은 또 이렇게 물었다.

"우리나라가 정보통신이 떠서 먹고사는데, 그다음은 무엇으로 먹고살까?"

"글쎄요…… 바이오라는데 우리나라가 약해서요."

"바이오와 정보통신을 융합하면 어떨까?"

가긴 가야 하는 길이니, 융합해서 다리를 놓아보라는 뜻이었다.

"그렇겠네요."

그다음부터 정문술은 만날 때마다 정보통신과 바이오의 융합 이야기를 많이 하곤 했다. 다음 만남에서, 정문술이 물었다.

"카이스트가 그런 거 구상하고 있어?"

"아니요."

"카이스트가 안 하면, 대한민국이 안 한다는 거 아냐? 이런 거, 정부가 못해. 내가 공무원의 생리를 알아요. 민간에서 시작해야 해요. 그러니 이 교수가 구상해보세요."

처음에는 '정문술 교육연구재단' 계획도 세웠다. 그랬더니 의외의 답변이 돌아왔다.

"재단은 안 해. 그런 거 만들어서 뒤로 자식들에게 돈 빼돌리고 그런 거, 많이 봤다."

이광형은 10억인가 20억쯤 생각하시나 하다가, 통을 크게 하자고 50억짜리까지 사업제안서를 여러 개 준비해 정 회장에게 찾아갔다. 바이오 분야의 동료 교수들에게 자문을 구했다. 카이스트의 유명한 바이오 교수들, 유욱준, 이상엽, 이수영, 조영호 교수와 생명공학연구원의 염영일 박사가 모여 기획위원회를 구성했다. 이광형은 자신이 바이오와 전자, 나노 분야에 대한 전문이 아니어서 그 분야 전문가들의 자문을 받았다.

정문술은 "더 크게 벌여보라"면서도 구체적인 액수는 말하지 않았다. 그래서 100억 원짜리로 구상을 키웠다. 그랬더니 "더 크게, 더 크게 해보라"고 또 채근했다. 회사 돈이 아니라 개인 돈 10억 원도 카이스트에 기부된 사례가 없던 시절에, 이광형은 얼떨떨하기만 했다. 40대 젊은 교수들은 매주 모였다. 3월이 가고 4월이 됐다. 4월 말이 되면서 이광형도 간이 커지고 기금도 계속 커지면서 '그분'과 뜻이 맞았다. 마침내 4월 24일, 정문술의 입에서 250억이란 숫자가 나왔다. 그러면서 말을 덧붙였다.

"일을 하다 보면 항상 돈이 부족한 법. 쓰다가 더 필요하면 말하세요."

나중에 건물을 잘 짓기 위해서 50억 원이 더 필요하다고 하자, 정문술은 두말 않고 여기에 50억 원을 얹어서 모두 300억 원으로 늘어났다. 몇 년 뒤 정문술은 이광형에게 가끔 이런 말을 했다.

"그때 더 통 크게 기부하지 않았던 것이 아쉬워요. 그때 돈이 더 있었는데……."

그때마다 이광형도 말했다.

"그것으로 족합니다. 이제껏 그만큼 한 사람도 없습니다. 그런 생각 말고 편히 쓰세요."

정문술은 "나는 이광형 교수를 만난 것을 신의 축복이라고 생각한다. 사업할 때 도움 받은 것은 물론이다. 내 나이 83세인데, 이 나이에 해야 할 고민을 이광형 때문에 다 피해갔다"고 진심으로 고마워한다.

"이광형 교수를 만난 축복 때문에, 노년에 겪어야 할 번민과 굴레에서 벗어나 비교적 평화롭게 행복한 삶을 누리게 됐다. 재산도 명예롭게 쓰고, 기부금을 이광형 교수가 잘 관리해줘서 한 푼도 허투루 안 썼다. 나는 멋지게 은퇴했다. 특히 바이오및뇌공학과의 성공은 한국 과학기술사에 의미 있는 사건이다."

돈으로 되는 일이 아닙니다

기부자와의 협의가 끝나자 이번에는 더 큰 고비가 기다렸다. 카이스트가 놀라움에 휩싸였다. 거액의 기부금이 들어오는 것은 환영하지만, 어떻게 운영할 것인가에 대해 열띤 논란이 일어났다. 대학 본부와 다른 교수들은 이를 어떻게 받아들일 것인가? 이광형도 어떻게 카이스트에서 이 기금을 잘 활용할 것인지 고민을 거듭했다. 여러 교수들이 학제 전공에 투자하자고 요구했다.

학제 전공이란, 전임교수 없이 학생만 뽑아서 교육하는 방식이다. 학제 전공으로 인재를 키워보다가 잘되면 과를 만들어 본격적으로 키우자는 말이 나왔다. 'BT+IT'라는 신新 분야를 개척하기 위해 학제 전공으로 실험해보자는 의견이 전혀 일리가 없는 것은 아니었다. 학제 전공이라는 제도는 학문 간의 융합을 실험적으로 해보자는 뜻에서 나온 것인데, 이 교수는 이것만으로는 기부자의 뜻을 실현하고 결실을 얻기 어려울 것이란 생각이 들었다.

말이 좋아 학제 전공이지, 그 결과까지 가늠해봤을 때 전임교수 없는 조직이 뚜렷한 성과를 내기는 힘들었다. 학제 전공은 자율적으로 학생과 교수를 뽑을 수가 없기 때문이다. 전임교수가 책임지고 학과를 만들어서 키워야 했다. 한번은 어떤 교수가 이 교수에게 이렇게 말했다.

"그렇게 무턱대고 운영하지 말고 신중하게 해야지, 고집 피우나. 학제 전공 해봐서 그다음에 학과를 만들면 되지 않나?"

이 교수는 창문 밖으로 내다보이는 모래밭을 가리키며 답했다.

"모래밭에 나무를 심고 잘 자라면 거름 주겠다는 것과 같다."

이 교수는 학제 전공이라는 것이 결국 주인 없이 흐지부지될 것이라는 사실을 잘 알았다. 교수도 학생도 자율적으로 뽑지 못하는 학제 전공의 운명은 불을 보듯 뻔했다.

가령 어떤 사람은 바이오와 정보통신을 함께 공부한다고 하는데, 전혀 이질적인 것을 모아서 융합 커리큘럼이 만들어지겠는가, 그렇게 해서 졸업생들이 취업을 할 수 있겠는가 물었다. 또 어떤 교수는, "학생들을 데리고 무모한 실험하지 말라"고 타일렀다. 융합연구가 생소한 시절이라 그런 반응이 일리가 없지는 않았다. 이

때 이광형의 나이 47세였다. 지금 생각해봐도 감당하기 쉽지 않은 나이였을 것 같다.

하도 논란이 이니까 당시 최덕인 총장이 기부자의 뜻을 들어보자고 5월 7일 대전 롯데호텔에서 오찬 회의를 열었다. 총장, 교무처장, 관련된 분야 학과장들, 정문술 회장 그리고 이광형 교수 등이 모였다. 총장은 어떻게 해서든지 기부금을 받고 싶어 했지만, 학과장들은 '생소한 분야의 학과 설립이 그렇게 간단한 것이 아니다, 학교에 일임하면 뜻을 받들어 잘 사용하겠다'는 입장이었다. 정문술은, 그냥 대학에 맡기면 안 되고 학과를 만들어서 이광형 주도로 집행하기를 원한다는 뜻을 단호히 했다. 마지막으로 원로급 학과장이 한마디했다.

"학과를 만드는 게 얼마나 큰일인 줄 아십니까? 돈으로 되는 일이 아닙니다."

운명을 바꾼 두 번째 당돌한 전화

그다음 주에 정문술과 이광형은 다시 만났다. 카이스트에 학과를 만드는 것이 좌절됐다. 그렇다면 그 대안으로 무슨 경로를 가야 하는지 난관에 봉착했다. 장학재단을 만들어 전국에서 장학생을 모집해 유학 보내면서 인재를 키우면 되지 않을까, 하는 생각도 했다.

그러다가 혹시 과학기술부 공무원들은 이 문제를 어떻게 볼까에 생각이 미쳤다. 그래서 무작정 과기부 차관실에 전화를 걸었다. 어째서 과기부에 전화할 생각을 했는지, 무슨 배짱으로 감히 차관에게 전화를 했는지 그리고 장관이 아닌 차관실에 전화했는지 지금도 이유가 생각나지 않는다. 얼굴도 모르는 유희열 차관과 통화를 하면서 상황을 설명하고 의견을 구했다. 전화기 너머 들려오는 유차관의 목소리는 매우 정열적이었다. 이틀 후에 세 사람은 팔래스 호텔에서 만나서 머리를 맞댔다.

정문술과 이광형은 "미래에는 BT+IT 융합 시대가 온다. 융합 분야를 개척해서 국가의 미래 먹거리를 준비하고 싶다. 새로운 학과를 만들려고 하는데 카이스트에서 과 설립은 안 된다고 하니 다른 방도가 없겠냐, 해외 유학생을 육성하고 싶다"고 말했다. 유희열은 "장관과 상의해보겠다"는 말을 남겼다. 당시 과기부 장관은 김영환이었다.

다시 며칠 후, 팔래스 호텔에서 장관, 차관과 회의를 가졌다. 김영환 장관은 "매우 적극적으로 그 뜻에 공감한다. 높은 뜻이 실현될 수 있게 다각도로 돕겠다. 카이스트에 다시 부탁해보겠다"고 적극적인 입장을 밝혔다.

2014년 1월 10일, 정문술이 2차 기부식을 할 때 불청객을 자임한 김영환 의원이 가장 앞자리에 앉아서 열심히 박수치던 이유가 바로 여기에 있다. 이제는 부산대 석좌교수로 가 있는 유희열 전 차관은 전화를 걸어 흥분된 목소리로 축하했다.

최초의 융합학과

과기부 장관, 차관의 적극적인 의사 표현이 카이스트 대학본부에 전달되면서 분위기가 바뀌었다. 마침 6월 8일에 카이스트 총장이 최덕인 교수에서 홍창선 교수로 바뀌었다. 개방적이고 추진력 있는 홍창선 총장이 들어오면서 일은 일사천리로 진행돼 마침내 2001년 7월 19일 협정서가 체결됐다. 협정서를 체결하는 날, 정문술은 이렇게 세 가지를 말했다.

"첫째, 이 돈으로 모방하지 마세요. 전 세계에서 어느 누구도 하지 않는 연구를 해서 미래에 대한민국 국민들을 먹여 살릴 기술을 개발하고 빌 게이츠 같은 인재를 길러주세요.

둘째, 비범한 사람들이 모이게 하세요. 그런데 비범한 사람은 괴짜라서 대하기 어려우니 인내심을 가지고 잘 모시고 일하세요.

셋째, 이 돈으로 화합하지 마세요. 골고루 나눠 쓰면 인화에는 좋지만 결과는 나오지 않습니다. 나는 이광형 교수가 이 돈을 쓸 때 불협화음이 나와서 내 귀에 들리면, 이 교수가 돈을 잘 쓰고 있다고 생각하겠습니다."

정문술은 협정 체결 20일 만에 300억 원을 모두 기부했다. 교내외에서 각종 찬사가 이어졌다. 그러나 이광형이 짊어진 고통은 줄지 않았다. 되레 본격적으로 시작되었다. 큰돈을 두고 각종 말들이 들려왔다. 새로운 사업에 왜 이런 분야를 포함하지 않느냐? 왜 연구 참여자를 공개모집하지 않느냐? 왜 이광형 혼자서 그 돈을 주무르려 하느냐? 정문술의 진심이 왜곡되고 있는 것은 아닌가?

홍창선 총장은, 주위에서 '왕따'를 당하고 있는 이광형을 여러 차례 위로해줬다. 큰일을 하다 보면 다 겪는 일이니 너무 신경 쓰지 말라고 말해주었다. 따뜻하게 격려해준 얼굴들은 몇 더 있었다. 설령 빈말일지라도 말 한마디가 그렇게 크게 격려와 위로가 되는 줄 이광형은 처음 알았다고 했다.

이때 또 하나 고마웠던 사람 중 한 명이 앨빈 토플러이다. 앨빈 토플러가 한국을 방문했을 때, 당시 동아일보 사장인 오명과 인터뷰를 했다. 오명 박사는 체신부 장관을 역임하고 대전 엑스포 조직위원장을 맡았던 인물이다. 오명 사장과 앨빈 토플러가 대담을 한 기사가 〈동아일보〉에 크게 실렸다.

대담의 주제는 '정보통신산업은 앞으로 어떻게 발전할 것인가'였다. '정보통신과 바이오의 융합'이 그 결론으로 제시되었다. 2001년 6월 9일 자 〈동아일보〉에는 BT+IT 융합 분야를 개척해야 한다는 기사가 심도 깊게 다루어졌다. 이에 이 교수는 크게 용기를 얻고 그 기사를 복사해서 사람들에게 보여주기도 하면서 설득하는 데 활용했다. 협정서를 사인한 다음엔 다시 교수들의 의견을 수렴하기 위해 학과설립소위원회를 만들었다.

여름부터 가을 내내 논의했다. 기부자의 뜻을 존중해서 'BT+IT 융합학과'를 새로 만드는 일이 추진됐다. 9월 6일 소위원회는 이 추진이 타당하다는 결론을 내리고, 마침내 2001년 12월 27일 카이스트 이사회에서 이 안이 통과되었다.

학과 이름은 '바이오시스템학과'로 정해졌다. '바이오정보전자학과'로 지어야 한다고 주장했지만, '정보'라는 단어도, '전자'라는 단어도, 교내 반발을 의식해 쓰지 못했다.

당시만 해도 미국 메사추세츠공과대학MIT이나 스탠퍼드 등 어느 유명 대학에도 이런 학과가 없던 시절이었다. 미국 명문 대학에 없는 학과, 아무도 도전하지 않았던 학과가 대한민국에서 첫발을 내딛는 순간이었다. 학과 이름에는 이광형의 뜻이 전혀 반영되지 않았다. 반대하는 논리도 가지가지인데 이런 말도 나왔다.

"태어날 때 내 이름을 내가 짓는 거 아니지 않느냐? 이런 과도 다른 사람들이 이름 지어주는 것이다."

무엇을 나타내는지 너무나 애매한 이름이었지만, 홍창선 총장이 이광형을 달랬다.

"한꺼번에 다 이루려 하지 말고 일단 받으세요. 다음에 다시 고치면 되지 않겠습니까,"

실제로 2007년 학과 이름은 '바이오및뇌공학과'로 바뀌었다.

시대를 앞서가다 보니 정문술과 이광형을 이해하지 못하는 사람들도 있었지만, 돌이켜보면 고비 때마다 많은 사람들이 뜨거운 사업가와 반짝이는 젊은 두뇌의 도전을 진심으로 도와줬다.

이를 악문 두 사람

학교 내의 반대를 헤쳐 나오며 이광형은 이를 악물었다. 새로운 융합학과를 만들고 학과 소속을 옮길 때, 그는 두 가지 결심을 했다. 그의 결심은 한 장의 부채와 한 개의 액자에 그대로 실려 있다.

'必死則生 必生則死(필사즉생 필생즉사).'

현충원에서 사 온 이 액자의 글귀는 이순신 장군이 각오를 다지면서 쓴 말이다. 죽기를 각오하면 살고, 살기를 각오하면 죽는다는 뜻이다. 부채에 쓰인 말은 이것이다.

'出師表(출사표)'

중국 청도에 가서 부채에 '光炯惠存(광형혜존)'이라고 이름을 넣어 구입한 것이다. 지금도 그의 연구실에는 이 액자와 부채가 걸려 있다. 이제부터 이광형의 목표는 죽어도 성공시켜야겠다는 일념으로 바뀌었다. 이광형은 말로 할 수 없는 사연을 기록하기 시작했다. 입을 열면 저항이 더 커져 사업 추진에 방해가 된다. 오직 결과로 보여주는 수밖에 없었다.

이를 악물기는 정문술도 마찬가지였다. 돈을 건네면서 그는 말했다.

"이제 돈이 건너갔습니다. 나는 관여 안 할 테니 잘 알아서 하십시오."

2002년 정문술빌딩의 기공식이 준비됐다. 장관, 총장 등 수많은 사람들이 정문술을 기다렸다. 그러나 그는 나타나지 않았다. 답은 간단했다. "잘 알아서 하라 하지 않았느냐." 2003년 건물이 완성된 뒤 준공식에서도 마찬가지였다. 이번에도 정문술을 참석하게 하려고 여러 가지로 준비했다. 사무실에서는 그가 출타 중이라 했다. 휴대전화는 꺼져 있었다. 나중에 이광형이 말했다.

"건물 이름을 '정문술빌딩'이라 붙였습니다."

"쓰잘 데 없는 일하고 있네……"

"그래도 한번 와보셔야죠."

"국가 먹여 살릴 기술이 나오면 그때 가서 보지요."

그 후에도 정문술은 카이스트 이사장의 자격으로 카이스트를 방문할 기회가 몇 차례 있었다. 그때마다 정문술빌딩을 방문하기를 요청했다. 하지만 정 회장은 먼발치서만 그저 바라보고 발길을 돌렸다.

2009년이 됐다. 바이오및뇌공학과에서 자신 있는 기술이 나왔다. 당뇨병을 조기에 진단할 수 있는 장비를 만들어낸 것이다. 8년 동안 기다리던 순간이었다. 학생, 교수들의 환호 속에 정문술과 그의 아내 양분순이 건물에 들어섰다. 교수와 학생들이 건물 곳곳을 안내하며 열정적으로 연구 내용과 결과를 설명했다. 돌아가는 차 속에서 정문술이 이광형에게 전화를 걸어왔다.

"건물 곳곳, 꿀벌들이 양식을 준비하듯이 국민을 먹여 살릴 기술을 개발하고 있는 것 같아서 기분이 좋습니다. 교수, 학생들의 눈동자를 보니 국가의 미래가 밝아 보입니다. 내 아내도 돈을 잘 쓴 것 같다고 합니다."

1원이라도 가져가면 전부 회수합니다

기존 학과를 떠나 새로 만드는 학과로 옮길 때, 이러저러한 말들이 나왔다. 그중 하나는 떠나는 학과를 위해서 뭐 좀 내놓아야 하는 거 아니냐는 압력이었다. 무언의 압력도 있었고, 어떤 사람은 농담 반 진담 반으로 한 뭉치 떼어놓고 가야 하는 거 아니냐고 넌지시 물었다.

이해는 가는 말이다. 이러저러한 정리가 켜켜이 쌓이는 대한민국에서 자기가 몸담았던 조직을 위해 마음 쓰는 걸 당연하게 여기는 분위기가 왜 없겠는가? 더구나 마음대로 쓰라고 준 돈 아닌가? 개인 용도로 쓰는 것도 아니고, 같은 카이스트 학과에, 더구나 자신이 몸담았던 학과에 연구비를 내놓으라는 압력은 일면 매우 타당했다. 딱히 거절할 명분도 찾기 힘들고, 압력이 점점 거세지니까 하는 수 없이 이광형은 정문술에게 전화를 걸어 상의했다.

정문술은 딱 부러졌다.

"지금 하는 말 받아 적으세요. 단 1원이라도 가져가면 전부 회수합니다."

명쾌한 결론을 그대로 홍창선 카이스트 총장에게 전했다. 이후로 카이스트의 다른 교수들이 기부금을 받을 때도 누구도 나눠 쓰자는 소리를 함부로 하지 못하는 풍토가 만들어졌다.

몇 년 후, 이광형은 학교에서 공로상을 받았다. 고액 기부금을 유치한 활동을 격려하는 의미의 상이었는데 상금도 있었다. 이광형은 그를 키워준 전산학과에 이 상금을 기부했다.

바이오시스템학과 교수진은 여러 과에서 옮겨온 젊은 교수들로 꾸려졌다. 기획위원으로 참여했던 교수 중 유욱준 교수와 이상엽 교수는 생명공학 쪽에서 벌어놓은 일이 너무 많아서 올 처지가 안 됐다. 이수영 교수에게 신생학과의 학과장을 맡아주길 부탁했다. 많은 사람들은 당연히 이 일을 주도한 이광형이 첫 학과장으로 이끌어갈 것으로 생각했다. 다시 생각해보라고 권유하는 사람도 있었다. 그러나 이광형은 연장자인 이수영 교수가 경륜이 더 많기 때문에 리더십을 잘 발휘할 것으로 기대했고, 2년간 실제로 그렇게 해주었다.

이광형이 기존 학과를 나올 때 연구실의 대학원 학생들이 모두 이광형을 따라서 옮겼다. 그 당시 학과에서는 대학원생들이 이광형을 따라서 나가는 것을 막으려는 다방면의 시도가 있었다. 그러나 학생들은 용기를 냈다. 이광형은 그런 학생들이 매우 고마웠다. 당시 분위기를 따라 그때 학생들이 떨어져나갔으면 어땠을까?

"학생들이 분위기에 굴복했으면, 나는 아마 죽었을지도 몰라. 너무 아파서……."

믿을 만한
사람

앞서 언급했듯, 2014년 정문술 회장은 또다시 215억 원이라는 큰 돈을 두 번째로 기부하면서도 이번에도 역시 이광형 교수가 집행하여 성공시켜달라는 주문을 달았다. 2014년에 정문술이 다시 기부한 과정은 매우 특이하다. 정문술은 2001년에 혈연과 아무런 인연이 없는 전문 경영인에게 미래산업을 물려주고 은퇴했다. 주식의 대부분은 카이스트에 기증했다. 그래도 미래산업 전체 지분의 7.5퍼센트를 보유하고 있었다. 최대주주로 남아 있으면서 경영에는 간섭하지 않았다. 회사가 잘되건 안 되건 자신과의 약속을 지키기 위해 절대 회사 일에 간섭하지 않았다. 다만 사장 선임에만 간여했다.

이광형은 미래산업의 사외이사이면서도 사장의 연봉을 결정하는 보상위원회 위원장을 맡았다. 기업 감사를 책임지는 감사위원회 위원장이기도 하다. 이광형은 10년 이상 이 역할을 계속 맡아왔다. 회사에 영향력이 큰 위치여서 직원들이 어렵게 생각하는 자리였지만, 이광형은 스스로 다짐했다. 도를 넘어가면 내가 걸려서 넘어진다고.

이광형은 정 회장이 기부한 돈을 계획되지 않은 곳에 딱 한 번 쓴 적이 있다. 2007년에 카이스트는 안철수 교수를 영입하고 싶어 했다. 석좌교수로 영입하려면 석좌교수에 걸맞은 기금이 있어야 했다. 당시 교무처장이었던 이광형은 '정문술 기금' 300억 원 중 10억으로 '정문술 석좌교수' 자리를 만드는 방안을 생각했다. 총장과 정 회장의 동의를 받고 '정문술 석좌교수' 자리를 만들었다. 이 자리에 안철수 교수가 임용됐다.

그것뿐이었지만, 안철수가 2012년 대통령 선거 후보로 거론되면서 갑자기 미래산업도 함께 부상했다. 대통령 출마 선언을 하지도 않는데 '안철수 테마 주식'이 급등했다. 미래산업 주가도 같이 뛰었다. 안철수가 카이스트 '정문술 석좌교수'였다는 단 한 가지 이유에서였다. 정문술과 안철수는 잘 아는 사이가 아니다. 과거 벤처기업을 할 때 몇 번 만난 적이 있고, 안철수가 존경하는 벤처기업인으로 정문술을 거론한 적이 있었을 뿐이었다.

자신과의 싸움

미래산업 주식이 뛰면서 이상한 현상이 벌어졌다. 2012년 가을, 12월의 대통령 선거를 앞두고 미래산업 주식이 무려 네 배까지 뛰니까 미래산업 직원 중 수십 명이 우리사주 주식을 팔고 회사를 떠났다. 하루 거래량이 전체 발행주식 수만큼 될 정도로 작전 세력들이 사고팔던 시기였다. 개미 투자자들만 피해를 볼 것이 분명해 보이는 상황에서, 정문술은 이 불을 꺼야 했다.

결국 주식을 모두 처분하면서, 미래산업과의 관계를 끊어버리는 마지막 수단을 쓸 수밖에 없었다. 작전 세력이 미래산업의 가치를 쥐고 흔드는 속에서 정문술은 자신이 보유하던 나머지 주식을 다 정리하였고, 미래산업 주식 열풍은 그대로 사그라들었다.

일각에서는 정문술이 정치 테마주를 이용하여 폭리를 취했다고 비난했다. 그러나 그때 불을 끄지 않았다면 어땠을까? 안철수가 대선 참여를 선언하면 주가는 더욱 치솟았을 것이고, 작전 세력의 의도대로 흘러갔을 것이다. 결국 정문술이 작전 세력이 쥐고 흔들 남은 여지마저 끊은 셈이었다. 이로써 정치 테마주 작전이 성공하지 못할 수 있다는 교훈을 남겼다.

2012년 말, 주식 매각 폭리 논란이 일었을 때, 정문술과 이광형은 이런 말을 주고받았다.

"내가 어떻게 그 돈을 혼자 쓸 수 있겠습니까?"

"천천히 생각하세요."

정문술은 다시 이 돈을 어떻게 쓸 것인가 물어왔다. 이광형은 '미래전략'을 떠올렸다. 이명박 대통령 시절 전 세계를 들었다 놨다 할 것 같았던 녹색성장 전략은 대통령 바뀌고 나니 흔적도 없이 사라졌다. 박근혜 대통령 시절에는 사람들이 죄다 '창조'를 이야기하였지만, 이것 역시 채 몇 년을 가지 못했다.

나라의 앞날을 생각하는 장기 청사진은 보이지 않거나 시류에 흔들리며 갈팡질팡했으나, 그래도 대한민국의 미래를 위해서는 미래전략이 필요하지 않겠는가? 회사를 경영할 때 '거꾸로 경영'으로 유명했던 정문술은 이광형의 이런 발상의 전환을 좋아했다. 두 사람은 이렇게 점점 닮아가고 있었고, 국가의 미래를 이야기할 때면 의기투합했다.

인간은 약하고 흔들리는 존재이다. 정문술의 고심도 깊어갔다. 고민하던 정문술은 2013년 가을 추석 때가 돼서야 '카이스트'라는 단어를 다시 떠올렸다. 이렇게 정문술은 또 카이스트와 인연을 맺으려 했다. 번민은 가을 내내 이어졌다. 쉽지 않은 결정이었다. 그는 이광형을 만날 때마다 이런 속내를 비쳤다.

"하루에도 열두 번씩 마음이 바뀐다. 힘들다. 나 자신을 믿을 수 없다. 하루 속히 결행해버려야 하겠다."

무엇이 그를 이토록 힘들게 했을까? 이 모습을 곁에서 줄곧 지켜본 이광형은 이렇게 진단했다.

"부를 자식에게 대물림하지 않겠다는 말 때문이죠. 아무도 기억하지 못하는 10년 전의 약속 때문이죠. 그 말 한마디 때문에, 한 인간이 자신의 원초적인 본능과 싸우는 모습이 처절해 보였어요."

정문술이 어느 한 인터뷰 자리에서 '나와의 싸움에서 이겼다'고 한 말은 그냥 나온 것이 아니었다. 이광형도 2차 기증식에서 이렇게 격려해줬다.

"자신과의 싸움에서 승리하신 것을 축하합니다. 이제 편하게 사세요. 하고 싶은 것 맘대로 하시고, 쓰고 싶은 것 맘대로 쓰세요."

5.7평 연구실

이광형 교수 연구실은 카이스트 정문술빌딩 11층에 자리 잡고 있다. 이 건물 11층은 교수들 연구실이 있는 곳이다. 수백억 기금을 운영하는 교수 연구실은 어떤 모습일까 싶었지만, 다른 교수들 연구실과 조금도 다르지 않았다. 오히려 약간 좁았다. 실평수는 5.7평이다. 이 교수는 커피 한잔하겠냐고 묻고는 잠깐 밖으로 나갔다. 조교에게 차 한잔 부탁하는 줄 알았더니 그게 아니라 일회용 종이컵에 따뜻한 물 두 잔을 떠 오고, 믹스커피 봉지를 하나를 들고 왔다.

지금은 학과 일에 관여도 하지 않는다고 했다. "좋은 사람들은 뽑아놓으면 나보다 잘하니 그냥 놔두면 된다"고 한다.

이광형은 기금을 관리하는 실질적인 역할을 하지만, 자기 자신을 위해서는 단 한 푼이라도 쓰지 않는 것을 철칙으로 삼고 있다. 11층 연구실에 입주할 때도 그랬다. 정문술빌딩 공사를 마치고 교수 연구실을 나눌 때가 다가왔다. 설계하다 보면 조금 넓은 방도 나오고 좁은 방도 나온다. 카이스트 교수실의 평균은 7평이다. 이 교수는 후배 교수들에게 연구실을 선택히라고 했다. 아무도 선뜻 나서지 않았다. 이 교수는 가장 먼저 좁은 연구실을 택했다.

재산을 기부할 때, 정문술은 별도 재단을 만들지 않았다. 재단을 만들면, 사무실을 별도로 두고 그 재단을 관리하며 드는 인력 비용도 엄청나다. 효율성은 떨어질지 몰라도, 기부금 운용은 공적인 기관이 하는 게 안정적이다. 그래서 정문술의 기부금은 대학으로 들어오게 되었다.

기부금은 '카이스트 발전재단'에서 관리한다. 발전재단은 채권 투자 등을 벌여 이자 수익을 얻으면 이자 수익의 10퍼센트를 발전재단에 주고 사업 부서에 넘겨준다. 이광형은 기부금 300억 원을 받아 110억을 들여 '정문술빌딩'을 짓고, 그 뒤에 시설 및 장비 구입에 수십억을 사용한 뒤 140억을 남겼다. 쓰라고 준 돈인데 어서 쓰자고 주장하는 주위 사람들과 마찰도 생겼다. 그에 대해 이광형은 이런 말을 했다.

"이 돈이 어떤 돈인지 생각하면 가슴이 떨려서 쓸 수가 없습니다. 그분이 이 기금을 넘겨주면서 '자식들도 찬성했다'고 말씀하실 때, 눈물을 흘리시더군요. 그러면서 본인께서 자식을 잘 기른 것 같다고 하셨습니다. 이 돈이 누구 돈입니까? 다 그분 자손들 것이지요. 그래서 아직도 한 푼도 허투루 쓰지 않기 위해 노력합니다. 아끼고 아껴요."

300만 달러보다 중요한 신의

이광형은 실리콘밸리를 드나들면서 발을 넓히게 되었다. 어느 날 이광형이 실리콘밸리의 유능한 사업가라면서 교포 한 사람을 정문술에게 소개했다. 본인이 반도체 제조의 전처리 과정 중 에칭 기계를 수리하는 사업을 한다고 했다. 이 교포 사업가는 자신이 하는 일을 과대포장하고 몇 년 동안 친분을 유지하다가 정문술에게 고성능 신형 에칭 장비를 개발하려고 한다면서 투자를 요청했다. 1997~1998년쯤, 정문술은 그를 믿고 300만 달러를 투자했지만, 종무소식이었다. 직원을 보내 확인했더니 장비 개발에는 진척이 없고 대기업 에칭 장비를 수리한다는 말도 과장이었다.

현장에서 들어오는 보고는 온통 부정적인 것뿐이었다. 정문술이 직접 가서 확인했다. 속았다는 것을 알았다. 그 자리에서 투자금을 포기하기로, 소송도 하지 않기로 판단했다. 당시 현금 300만 달러를 투자하기란 정말 쉽지 않은 일이었다. 그러나 정문술은 잊기로 했다.

필자가 청계산 기슭 사무실에서 정 회장을 만났을 때, "그 사람을 소개한 이광형 교수에게 조금도 원망스러운 마음이 생기지 않더라"고 했다. "그 사람, 몹쓸 사람이야." 단 한마디하고 넘어갔다. 그 후로도 그에 대해 한마디 언급하는 일도 없었다.

비밀리에 치른 경조사

2018년, 이광형의 모친께서 돌아가셨다. 가족끼리 장례를 치른 다음 부고를 냈다. 외아들이 2019년 봄에 카이스트 교수의 딸과 결혼식을 할 때도 신부 측과 상의하고는 가까운 가족만 초청해서 결혼식을 올렸다. 이광형은 정문술에게 안 알릴 수는 없다고 생각해서 인사치례로만 알렸다.

정 회장의 화환만은 받았다. 그리고 정문술은 "아무리 그래도 당신 외아들이 결혼하는데 내가 안 가면 되겠느냐"고 참석을 요구했다. 그리고 자청해서 주례를 섰다. 미래산업 대표 때 직원 주례를 선 것을 제외하면 세 번째 주례였다. 정문술은 진심을 담아 다음과 같은 주례사를 남겼다고 한다.

작년 8월, 신랑 할머님이 돌아가셨을 때 가족끼리만 먼저 장례를 다 치르고 난 후에 지인들에게 부고를 보내더군요. 제가 보기에는 아주 신선했습니다. 저는 이 두 집안을 현대판 선비정신을 이어가는 신명문가라고 이름 짓고 싶습니다. 그러므로 선비정신을 이어가는 집안 출신인 신랑 신부는 아이를 다섯 명쯤 낳아주면 좋겠다고 상상을 해봅니다.(웃지 않네요. 그러면 진짜 다섯 명쯤 자식을 둘 의무를 부과하면 어떨까요?) 신랑 할머님이 아홉 남매를 두신 것에 비하면 싸게 부탁하는 것입니다. 주례도 다섯 남매를 낳았습니다. 지금 와서 생각해보면, 자식을 많이 둔 것은 아주 잘한 일이었습니다.

이 기쁜 자리에서, 우화 한 토막을 소개해드리고자 합니다.

중세 유럽의 어느 나라의 야심찬 왕이 이웃나라를 정복해서 왕자와 왕자비, 그들의 어린 아들을 사로잡았습니다. 이 왕은 아들을 처형하기 위해 포로 왕자에게 물었습니다.

"만일 네 어린 아들을 놓아주면 어떻게 하겠느냐?"

왕자가 대답했습니다.

"제 재산의 절반을 드리겠습니다."

또 물었습니다.

"왕자 너 자신을 풀어주면 어떻게 하겠느냐?"

"제 전 재산을 드리겠습니다."

"만일 네 아내를 풀어준다면 어떻게 하겠느냐?"

"제 목숨을 바치겠습니다."

이 포로의 눈물겨운 아내 사랑에 감동한 왕은 이들을 모두 풀어주었습니다. 가족이 마차를 타고 집으로 돌아갈 때 왕자가 말했습니다.

"아까 우리를 심문했던 그 왕이 사나이답고 멋있게 생겼지?"

아내가 대답했습니다.

"저는 잘 모르겠습니다. 저는 곧 형장의 이슬로 사라지게 될 당신을 단 한순간이라도 더 보아두기 위해서 당신만을 바라보느라 왕의 얼굴을 미처 보지 못했습니다."

오늘, 신랑 신부 두 사람은 부부 사이가 됩니다. 이성복 시인은 이렇게 노래했습니다.

'사이'라는 것, 나를 버리고 '사이'가 되는 것,
너 또한 '사이'가 된다면 나를 만나리라.

부부의 연을 맺는다는 것은 나를 버리고 한 사람이 되는 것입니다. 두 사람이지만 나는 없는 사이, 하나가 된 부부 사이에는 이기적인 거래 관계가 성립되지 않습니다. 대가 없이 가진 것을 서로에게 주어야 하는 사이입니다. 희생도 기꺼이 감당하는 사이입니다. 내 것은 없고 부부 사이의 것만 있을 따름입니다.

부부 사이란, 무엇이든 무조건 믿는 사이입니다. 집에 늦게 들어와도 왜 늦었냐고 묻지 말아야 합니다. 부부가 둘이 있을 때 전화가 오면 밖에 나가서 혼자 통화해서는 안 됩니다. 휴대폰 통화기록을 뒤진다거나 호주머니 핸드백을 뒤져서는 안 됩니다. 설령 남편이 와이셔츠에 빨간 립스틱을 묻혀왔다고 해도 일단 믿어야 합니다. 그럴 만한 사정이 있었을 것이라고 생각하고 끈질기게 오해를 풀어야 합니다. 아내가 오해받을 일이 생겨도 마찬가지입니다. 모든 것을 오래 참고 믿고 기다려야 합니다.

부부 사이는 서로에게 정직해야 합니다. 서로의 마음의 창문을 활짝 열어놓아야 합니다. 부정직이 모든 불행의 씨앗입니다. 부부 사이에는 듣는 마음을 가져야 합니다. 성경에 나오는 말씀입니다. 내가 하고 싶은 말은 줄이고 상대의 말을 경청하도록 노력해야 합니다.

오늘, 나를 버리고 부부 사이가 된 신랑 신부의 결혼을 축하합니다.

감사합니다.

2019년 3월 30일,

주례 정문술

왜 모친상을 알리지 않았는가

무슨 이유로 주변과 직장에 알리지 않고 모친상을 치렀냐고 이광형에게 물었다. 형제들이 쉽게 합의할 수 있었을까? 그는 아주 오래도록 준비되었던 일이라고 답했다.

약 10여 년 전, 80대 초반의 어머니와 이광형이 텔레비전을 보고 있었다. 화면에 산소 마스크를 쓰고 누워 있는 환자의 모습이 나왔다.

"어머니, 저렇게 마스크 쓰고, 주사기 꽂은 채 죽으면 힘들 것 같아요."

"그러게 말이다."

"저렇게 돌아가시는 것을 원하지 않으시지요?"

"그렇고말고……."

어려운 말을 방송의 도움으로 꺼냈다. 다행히 어머님은 덤덤하게 동의하셨다. 이를 '연명치료 거부 의향서'라는 제목의 서류로 작성하여, 본인과 9남매 자식들이 서명을 했다. '연명의료결정법'이 시행되기 훨씬 전이었다.

2018년 초부터 모친의 건강이 악화되기 시작했다. 특별히 아픈 곳은 없는데 기력이 쇠하고 식사량이 줄어들었다. 자식들이 모여서, 전에 작성해둔 연명의료 거부 의사를 다시 확인했다. 그리고 장례에 대하여 논의했다. 전통과 관례대로 장례를 치르자는 의견도 나왔다. 당연히 '그동안 부조금으로 뿌린 돈이 얼마냐'는 말도 나왔다. 그러나 결국은 어머님을 아는 사람에게만 연락을 하기로 했다. 어머님은 사회생활을 하지 않으셨기 때문에, 친척들 외에는 아는 사람이 거의 없었다. 친척들 중에서도 직접 알지 않는 사람에게는 연락하지 않기로 했다.

상태가 나빠지자 병원에 입원했다. 식사를 못하니 병원에서는 링거를 꽂고 영양 공급을 하려고 했다. 10년 전에 써놓은 연명치료 의료 거부 의향서를 보여주었다. 담당 의사가 뜻을 알겠다고 하고, 인위적인 처치를 하지 않게 되었다. 어머니는 입원한 지 20일 만에 숨을 거두셨다. 그것도 당신이 평소에 소망하던 것처럼 잠을 자다가 가셨다. 그래서 정확한 사망시간도 모른다고 한다.

장례식은 준비해둔 절차에 따라서 진행되었다. 가족들은 이미 약속해둔 바와 같이 행동했다. 어려서부터 어머님을 알고 따르던 친척 몇 사람만 조문객으로 문상을 왔다. 가족끼리 지키는 빈소는 조용하고 평화로웠다. 가끔 어머님과의 기억을 떠올리는 웃음소리도 나왔다. 가족들은 스스로 '호상'이라고 자평했다. 92세의 수를 누리고 당신이 소망하던 방식으로 영면하신 어머님은, 마지막 순간에도 자식들에게 '호상'이라는 선물을 주고 가셨다.

왜 아들 결혼식을 비공개로 했는가

그렇다면 아들 결혼식은 왜 비공개로 했을까? 이광형은 평소 간소한 것을 좋아한다고 했다. 특히 허례허식을 싫어하고 청첩장을 동네방네 보내는 것은 삼가는 것이 좋겠다 생각했다고 한다. 그런데 결혼식은 혼자 치르는 것이 아니라 상대방이 있는 법, 매우 조심스럽게 신부 측에 의향을 타진해보니 적극 동조를 표해왔다. 그래서 정말 가족적인 분위기에서 행복한 시간을 가질 수 있었다.

이광형은 카이스트 석사를 졸업하고 아주대 조교로 근무했다. 아주대가 프랑스 정부 장학금을 받을 수 있게 연결해주는 조건으로 일했다. 이광형은 아주대에서 조교로 근무하다가 결혼했는데, 상대 또한 아주대 수학과에 근무하던 안은경이라는 조교였다. 아주대가 없었더라면 결혼도 못했을 것이고, 프랑스 유학도 못 갔을 것이다. 그 후에 아주대와는 인연이 이어지지 못했지만 마음속에는 항상 감사와 애틋함이 자리하고 있었다.

결혼식에서 축의금을 받지 않았지만, 그래도 친척들이 봉투를 남기고 갔다. 이것이 모이니 꽤 큰돈이었다. 뜻밖의 목돈이 생기자, 머릿속에 떠오른 단어가 '아주대'였다. 가족회의를 했다. 모두 아주대에 기부하기로 했다. 두 자식을 모두 출가시키고 나서, 가정의 첫 인연을 만들어준 아주대에 인사를 하고 나니 인생의 매듭이 지어지는 느낌이었다고 한다.

오이원 여사의 100억 원 기부

2009년, 알고 지내던 한 증권사 직원이 "굉장히 연세가 많은 여자 분이 있는데 남은 재산을 어떻게 사회에 환원할까 고민하고 계시다"고 말을 꺼내왔다. 이광형이 카이스트에 재직하고 있으니 얼핏 말을 비친 것 같았다. 이광형은 그렇다면 그분을 한 번 뵙게 해달라고 요청했다. 그해 겨울, 기부를 고민하는 오이원 여사와 서울 세종호텔에서 만나게 됐다. 기부금 이야기가 직접적으로 오가지는 않고 서로 살아온 이야기를 나누는 편한 자리였다. 그 후로도 네댓 번 만남이 이어졌다. 두 번째부터는 그분의 댁 근처인 건대입구 지하철역 부근에서 만났고, 세 번째부터 이광형 교수는 아내도 데리고 나갔다.

오이원 여사는 여고를 졸업하고 의사 남편과 결혼했다. 서울에서 개업한 남편은 사람을 치료하는 데만 관심이 있었지, 집안 살림은 어떻게 돌아가는지 몰랐다. 돈을 많이 벌 수 있었던 기회도 잡지 않았다. 대신 오이원 여사가 알뜰하게 집안살림하고 저축을 했다. 적금을 들어서 약간의 목돈이 생기면 안전한 채권에 열심히 투자했다. 주식은 거의 없었다.

이 교수님의 눈을 보니 믿어도 되겠습니다

그러다가 외환위기 때 산 채권이 큰돈으로 불어났다. 20여 년 전 남편과 사별하고 나서 오이원 여사는 서서히 이 돈이 개인 돈이 아니라는 생각이 들었다. 주위에서 이런 돈은 재단을 만들라고 했던 것 같았다. 대학교에 기부하면 헛돈을 쓴다는 이야기도 듣기라도 했는지, 처음 이광형을 만났을 때 경계심을 가진 것 같았다. 겨울부터 여름까지 대여섯 번 만나면서 믿어도 될 것 같다고 생각했는지 오이원 여사는 어떻게 하면 좋겠느냐고 물어왔다.

가장 먼저 재단 이야기가 나왔다. 재단을 만드는 것은 좋은데, 재단은 사무국을 꾸리고, 직원들에게 월급을 주고 관리를 해야 한다, 재단이 얼마나 잘 운영될 것인지 아무도 명확한 답을 내놓을 수 없다. 믿을 수 있는 카이스트에 맡기는 것이 안전할 수 있다. 또 정문술의 기부 이야기도 들려줬다. 오이원 여사는 한번은 이광형의 눈을 자세히 들여다보더니 "이 교수님 눈을 보니까 믿어도 될 것 같다"고 말했다.

그다음 만남에서 오이원 여사는 100억 원 기부를 말하면서 "어려운 학생들 장학금으로 쓰면 좋겠다"고 했다. 이광형은 수정 제안을 했다. 카이스트는 보통 학교와는 달라서 이미 학생들이 장학금을 받고 있기 때문에, 신진 교수들이 열심히 연구하고 잘 가르치게 격려하는 것으로 쓰면 어떻겠냐고 했다. 기부협약서를 쓰는데 오이원 여사는 "이 교수를 믿는다. 잘 운영해달라"고 요청했다. 그러면서 협약서를 쓰고 관리위원회를 구성할 때 오이원 여사는 자신의 손자 이름과 이광형 교수의 이름을 넣었다. 그리고 협약서를 쓴 다음 날 바로 100억 원을 기부했다.

오이원 여사의 본명은 '오정순'이었다. 스님이 지어준 호가 '이원'이었지만, 한 번도 호를 써본 적은 없었다. 오이원 여사가 낸 기부금은 원금은 살려놓고 이자를 가지고 유능한 조교수를 선발해서 2년간 2천만 원씩 격려금을 주는 방식으로 운영된다. 카이스트가 유능한 신임 교수를 유치할 때 도움을 주고 있다.

이광형은 계절이 바뀔 때마다 부인과 함께 오이원 여사 댁을 방문하고 같이 식사도 했다. 오이원 여사는 2015년 작고하였고 경기도 가평에 산소가 있다. 기일인 11월 1일이면 이광형은 기부금을 관리하는 발전재단 직원과 함께 산소를 방문해서 고 오이원 여사의 뜻을 새긴다.

"그분이 내 눈동자를 보면서 '이 교수님 눈을 보니까 믿을 만하겠다'고 한 말씀이 떠나지 않는다."

첫 번째로 이원 조교수를 선발하고, 학교로 오이원 여사를 모셨

오이원 여사와 이광형 교수.

다. 오이원 여사는 "자식과 똑같다"고 만족감을 표했다. 이광형 본인을 통해서 기부금이 여러 건 들어오는 것에 대해서는 "나도 의아스럽다고 생각한다"고 한다.

MT 비용이 장학금이 된 사연

그도 그럴 것이, 이러한 일은 또 있었다. 처음으로 이광형을 통해 기부금이 들어온 때를 거슬러 올라가다 보면 1998년쯤이다. 이 교수가 맡았던 어느 석사 과정 학생의 부모님이 겨울에 카이스트를 방문해왔다. 이야기를 나누다 식사시간이 돼서 도룡동 설렁탕집에 가서 떡만둣국을 먹었다. 이광형 교수가 식사 값을 지불했더니 학부모께서 굉장히 민망해했다.

2주쯤 지나서 또 만나자고 연락이 왔다. 이번에는 본인들이 식대를 내겠다고 하셨다. 그러면서 "스키장 MT 간다고 하지 않았느냐. 학생들 맛있는 것 사주는 데 쓰시라"고 봉투를 주는데 도저히 뿌리칠 수 없었다. 주머니에 넣어두었다가, 집으로 돌아와서도 까마득하게 잊어버리고 있었다. 이튿날 코트를 바꿔 입어 모르고 있다가 보름이 지나서야 다시 그 코트를 입게 됐다. 봉투를 열어보니 수표 한 장이 들어 있었다. '100만 원 정도겠지' 했던 금액이 1천만 원이나 되었다. 큰일났다 싶어서 전화를 했다.

"그렇게 큰돈은 안 됩니다."

그래도 학부모는 물러서지 않았다.

"그러면 아버님 이름으로 학교에 기증하겠습니다."

그랬더니 그렇게 약소한 금액을 어떻게 기증하느냐, 부모님은 실험실에서 사용하면 좋겠다고 다시 제안을 했다. 그것도 거부한 이광형은 학교를 통한 기증을 요청했다. 결국 학부모는 학생이 6년간 학교에서 무료로 공부한 것에 대한 보답으로 2,400만 원을 기부하겠노라 전해왔다. 그 학생이 학부 4년, 석사 2년, 총 6년 동안 장학금을 받고 다녔다. 1년 학비가 400만 원이었으니 총 2,400만원의 밀린 학비를 낸 셈이었다. 기부금으로 학생들의 창의적인 활동을 지원한다는 의미에서 '창의활동상'을 만들기로 하고 협약서를 작성했다. 개교기념일에 창의활동상 시상식을 할 때 그분들을 초청했다. 학부모는 시상식 비용으로는 적다고 생각했는지 금액을 5천만 원으로 늘렸다. '기부'라는 것이 별로 흔하지 않던 시절이었다.

지금까지도 창의활동상은 이어지고 있다. 20년 동안 약 20여 명의 학생이 성적이 아닌 창의활동으로 상을 받는다. 이광형은 지금도 이 상을 만든 김성부 아버님과 연락을 유지하며 지낸다. 당시 석사 과정 학생은 졸업 후에 프랑스와 미국에 유학을 다녀와서 영상처리 벤처기업 올라웍스를 세워 키우다가 인텔에 성공적으로 매각하였다.

정문술의 기부 이후, 카이스트에는 고액 기부자가 늘었다. 첫 단추가 끼워지자 다른 단추가 계속해서 채워졌다. 첫 사례가 성공하고 있다는 느낌이었다.

KAIST

2 혁신가

'거꾸로 TV' 앞에서

고난과 성장의
시대

2004년 즈음이었을 것이다. 필자는 전혀 새로운 일을 맡아 몰두하느라 정신없이 바빴다. 대전 지역에 온 외국인 유학생들을 모아서 친선활동을 펼쳤다. 배재대에 문학 박사학위를 하러 온 연변 시인 석화를 만난 다음, 외국인 유학생에 대한 관심이 생겨났다. 처음에는 중국 교포를 대상으로 식사를 하고, 체육대회를 열고, 여행을 갔다. 대상 국가를 계속 늘려갔다. 중국, 일본, 베트남, 인도, 파키스탄, 유럽 및 남미 지역 학생들을 모았다.

서로 말이 통하지 않는 외국인을 한데 모아 할 수 있는 일은 체육대회와 여행이었다. 유학생 체육대회를 개최하느라 각 대학에서 공부하는 외국 유학생들을 만나 이메일을 보내고 개별적으로 접촉했다. 점점 국적이 늘어났다. 몇 개국이나 모였을까 따져보니 무려

50개국이었다.

이광형 교수를 이즈음 다시 만날 기회가 있었다. 대학 내부에서 무슨 일이 일어나는지 필자가 자세히 알 리 없었지만, 이광형은 어딘가 모르게 초조해 보였다.

10년이 지난 후, 그때 이광형의 표정에 왜 근심이 드리워져 있었는지 알았다. 당시 카이스트에 새로 부임한 첫 외국인 총장 로버트 러플린이 이광형이 유치한 정 회장의 기부금 300억 원의 집행권을 가져가려 했다. 대부분의 교수들은 외국인 총장의 행동에 제동을 걸었지만, 동조하는 일부도 있었다. 그 300억 원을 토대로 이광형은 바이오및뇌공학과를 겨우 태어나게 했다. 수백 년 전통과 역사를 토대로 한 기존 학과의 틈바구니에서 겨우 걸음마를 시작한 신생학과가 제대로 설 수 있을지 명운이 달린 시기였다. 그런데 간신히 첫 발을 뗀 융합학문이 사방에서 불어오는 압력에 숨이 넘어갈 수도 있는 절체절명의 위기가 닥친 것이다.

정문술이 기부금을 낸 뒤 2년이 지난 2003년에도, 학과의 나아갈 길에 대한 논란은 좀처럼 수그러들지 않았다. 해외에서 유명 교수진을 유치하여 교수진을 보강해야 하는데 진척이 안 됐다. 답답한 교수들은 홍창선 총장과 함께 신임 교수 후보를 발굴하기 위한 미국 출장까지 다녀왔다. 가만히 있어도 교수 후보자들이 밀려드는 기존 학과와는 아주 달랐다.

그러나 정문술은 이런 비판을 전해 듣고 반대로 해석했다.

"그럼, 그렇지. 내가 투자를 잘했어. 교수 후보자들이 많은 분야에는 내가 투자할 필요가 없어요."

거꾸로 경영의 달인다운 말이었다.

학생들을 설득하여 신설학과로 모이게 하는 것도 큰 과제였다. 전공을 정하는 일은 인생을 거는 결정이다. 신중에 신중을 기하고 따져보지 않을 수 없다. 배우는 내용은 무엇이고, 선배들은 어떻게 진출하는가…… 신설학과는 생물을 배우는지 전자를 배우는지 뒤죽박죽처럼 보인다, 선배도 없다, 불안하다, 교수들은 여러 차례 설명회를 개최하고는 이렇게 설명했다.

"이 세상의 모든 학과는 초기에는 신생학과였다. 전자과도 신설학과였고, 컴퓨터학과도 초기에는 푸대접 받았다. 지나간 과거를 보지 말고, 미래를 봐라. 이 학과에는 남의 뒤를 따라가려는 사람은 오지 말라. 미지의 세계를 개척하여 선두에 서기를 원하는 사람만 도전하라."

이때 미국 전자공학회IEEE가 앞으로 10년간 가장 중요한 기술 열 개를 선정했는데, 응답자의 72퍼센트가 바이오응용공학을 꼽았다.

내부에서 진을 빼고 있는 사이에, 기쁜 소식이 날아들었다. 신설 바이오및뇌공학과가 IBM SURShared University Relationship상 수상자로 선정된 것이다. IBM이 바이오정보를 연구하는 전 세계 대학들이 낸 연구제안서를 심사하여 여섯 개 대학을 선정해서는, 부상으로 슈퍼컴퓨터 P690을 제공했다. 이상엽, 이수영, 이도헌 교수 등이 노력하여 이루어낸 쾌거였다. 바람 앞의 촛불 같은 신생학과가 외국에서 인정받은 것이 무척 큰 힘이 되었다.

교과 과정도 여러 차례 바뀌었다. 융합교육의 경험이 없다 보니 교수들이 좋다고 생각하는 내용을 가르쳤지만, 시행착오도 나타나고 학생들의 불만도 나왔다. 매년 교과목을 수정하며 개선해나갔다. 처음에 들어온 학생들이 4년을 마치고 졸업한 후에야 교과목이 안정되었다.

정문술 기금을 노린 러플린 총장

카이스트 역사에서 첫 번째 외국인 총장을 맡았던 로버트 러플린의 시대는, 한마디로 악몽이었다. 로버트 러플린은 1998년에 이론물리로 노벨 물리학상을 받은 이다. 러플린은 노벨상 수상자 유치에 공을 들인 포항공대의 아태이론물리연구센터 소장을 맡아 1년에 몇 주 동안 한국을 방문했다.

노벨상 수상자에 대한 환상이 컸던 시절, 홍창선 총장의 후임을 정할 때 외부에서 노벨상 수상자를 초빙하자는 여론이 있었다. 카이스트가 우리나라 과학기술 선도 기관 역할을 해야 하는데, 너무 새로운 도전을 안 하고 현실에 안주하는 기관으로 바뀌는 것 아니냐는 내외의 비판이 있던 시절이었다. 외부 사람이 와서 신선한 충격을 주고 변화를 해야 할 필요가 있었다. 타당한 이야기로 받아들여지면서 내부나 외부에서 러플린에게 총장을 맡기자는 데 반대가 없었다.

그랬는데, 하필이면 그때 왜 꼭 러플린이었어야 했을까. 러플린은 학문 간 융합은 안 된다는 생각이 굳은 사람이었다. 러플린이 교수로 있는 스탠퍼드 대학에서도 융합학과를 만들려는 움직임이 있었다. 정문술이 카이스트에 기부했던 것같이, 스탠퍼드 대학 출신의 제임스 클라크가 거액을 기부해서 바이오-의료-전기-전자를 융합하자면서 2002년에 바이오엔지니어링과를 만들었다. 러플린은 스탠퍼드 대학에서 2000~2004년에 나타났던 학문 융합 움직임이 어떻게 전공별 헤게모니 싸움으로 번지는지 잘 봐왔던 인물이었다.

러플린이 2004년 카이스트 총장으로 부임하면서 상황이 심상치 않게 돌아가기 시작했다. 러플린은 '정문술 이론'은 틀렸다고 단언했다. 이광형 교수에게도 "컴퓨터 전산학은 이론을 바탕으로 한 것이고, 생물은 실험 중심이니 본질적으로 다르다"는 점을 누누이 강조했다.

동료들에게 이런 이야기를 자꾸 흘리면서 뜸을 들이는 사이, 황우석 박사가 줄기세포 연구 결과를 발표하면서 국제적인 관심사로 떠올랐다. 하루는 러플린 총장이 이광형 교수를 비롯해서 생물 학과장, 교무처장을 불렀다. 그러고는 "황우석은 저렇게 잘하는데 '스템 셀(줄기세포)'을 어떻게 할 것인지 말해보라"고 묻는 것이었다.

학과장은 "우리는 그 연구를 해온 바 없고, 하려면 많은 예산이 필요한데 우리는 준비가 안 돼 있다"고 답변했다. 이때 러플린이 이상한 말을 했다.

"돈은 걱정 마라. 내가 마련해보겠으니 연구 인력을 모집하라."

리크루트할 사람이 없다는 말에는 "황우석 팀이 있지 않느냐. 두 배로 주든지 나한테 이야기하라"고 답변했다.

결국 러플린의 의도는, 황우석 박사팀 멤버들에게 더 많은 연구비를 줘서 카이스트로 영입하자는 것이었다. 이광형은 러플린 총장이 사리에 맞지 않게 던진 말을 기억하고 있다.

"융합은 성립할 수 없으니 너희들은 해산하고, 정문술 기금은 내가 줄기세포에 쓸 테니 그렇게 알아라."

회의는 그렇게 마쳤다. 이광형은 '이 일을 어떻게 하나' 하면서도 그렇게 쉽게 러플린이 가져갈 수 있을까 싶어서 계약서도 다시 들여다보았다. 계약서를 보면 이 문제는 결국 소송으로 갈 것 같은 생각이 들었다. 그러나 일단 대응을 하지 않고 러플린의 태도를 지켜보기로 했다.

바이오시스템학과의 해산 위기

하루는 신성철 부총장이 "러플린이 정문술을 만나려 한다"고 귀띔을 줬다. 총장이 바이오시스템학과를 해산하고 정문술 기금을 다른 데 쓰려고 한다고 알려주며, 대응을 잘하라고 일러줬다.

　2005년 한 해 동안 러플린이 핍박을 가하고 주변에서는 냉랭한 분위기가 계속되었다. 일부 보직자들은 이에 동조 또는 방관하고 있었다. 고립무원孤立無援 사면초가四面楚歌라는 말이 딱 어울리는 상황이었다. 러플린 총장은 심지어 일부 교수들에게 정문술 기금을 줄 테니 줄기세포 연구를 해보라는 말까지 했다.

　며칠 후에 교수들이 줄기세포 연구계획서를 제출했다. 이광형은 아직도 잊지 못한다. 총장이 돈을 줄 테니 연구하라는데, 좋은 심정이야 이해가 간다. 그래도 훔친 물건인 줄 알면서 그것을 취하면 죄가 된다는 것 정도는 알아야 했다. 완전히 포위된 듯했다. 냉정하게 따져보니 공연히 나서서 총장과 싸울 필요도 없거니와 돈을 빼앗아 연구비를 나누어주면 좋아할 사람들이 많았다. 기부금을 받아온 사람만 고립되는 것은 당연한 이치다.

　또 하나의 어려움은 학과의 위기 상황을 절대 학생들이 알게 하면 안 된다는 점이었다. 상황이 시시각각 바뀌는데, 학생들이 일부 내용만 전해 듣고 지레 오해하면 동요가 있을 법도 했다. 그러니 조용히 그리고 묵묵히 해결해야 했다. 이광형은 정문술 회장과 홍창선 총장이 서명한 협약서를 읽고 또 읽었다.

진리가 너희를 자유롭게 하리라

이광형의 전략은 무대응이었다. 얼핏 잘못 대응하면 실수하기 쉬울 것 같았다. 러플린 총장은 계속 괴롭혔다. 몇 번 불러서 이런 식으로 몰아쳤다.

"줄기세포를 해야 하니까 돈을 빨리 전용해야 한다. 당신들이 줄기세포 연구에 어떻게 참여할 것인지 안을 만들어내라."

그래도 가만히 있었다. 대꾸도 하지 않았다. 아무 반응이 없자 러플린이 다시 불러댔다.

"너희 학과는 해산을 해야 하니까 어떻게 해산할 것인지 그리고 어떤 과와 합칠지 계획을 세워라."

그리고 이렇게 덧붙였다.

"너희들은 잘못된 만남을 갖고 있다."

사실 그때만 해도 학과에는 교수가 대여섯 명밖에 안 됐다. 그는 맞서 싸우는 대신 이렇게만 대응했다.

"총장님 의견에 찬성하지 않습니다."

그 뒤로도 이것저것 내라고 했지만 일체 움직이지 않았다. 어떤 때는 그를 혼자 부르기도 하고 어떤 때는 교수들과 함께 부르기도 했다. 이광형은 학과 교수들이 동요하지 않도록 정보를 공유하고 마음을 안심시켰다.

일이 마음대로 되지 않자 러플린이 바이오시스템학과에 와서 흘리는 말이, 여기에서 줄기세포 연구를 하면 되지 않느냐고도 물었다. 안 해본 것이라 갑자기 할 수 없다고 했다. 러플린은 미국식으로 돈만 많이 주면 황우석 팀을 데려올 수 있다고 생각했던 것 같다. 어느 보직자 한 명이, 러플린이 이광형을 뒷조사하려고 하니 대비하라고 일러주었다. 그 말을 듣고 그는 속으로 '참 잘됐다'고 생각했다. 그가 큰돈을 만지니까 조사하면 뭔가 나올 것으로 생각했던 것 같다.

〈요한복음〉 8장 32절 "진리를 알지니, 진리가 너희를 자유롭게 하리라"라는 말을 떠올리며, 돈을 집행하고 교수를 채용할 때 실수한 것이 있는가, 스스로 물어봤다. 마음이 평온해짐을 느꼈다.

이광형은 아는 목사님께 학과가 위기에서 벗어날 수 있도록 기도해달라고 했다. 목사님은 〈마태복음〉 10장 16절을 인용해주었다.

"그러므로 너희는 뱀같이 지혜롭고 비둘기같이 순결하라."

학과의 사정을 자세히 말하지 않았는데도, 목사님은 누군가 이 교수님이 하는 일을 흔드는 사람이 있다면 너무 순하게 대응하지 말라고 조언해주었다.

목사님은 사방에서 밀려오는 반대자들의 행동에 순진하게만 굴지 말고 뱀처럼 지혜롭게 대응하라고 말했다. 그는 하는 수 없이 정문술을 찾아가 자초지종을 털어놓았다. 정문술 회장은 이렇게 용기를 북돋워줬다.

"고약한 사람이다. 이럴 때일수록 내부 단결에 주력해라. 내부에서 단결하면 이긴다. 이럴 땐 내부와 외부가 손을 잡고 포위하는 수가 있다."

정문술은 '러플린 총장이 만나고 싶어 한다'는 말을 거부하고 단호하게 세 가지를 말했다.

"첫 번째, 이 돈을 다른 용도로 쓰면 계약 위반이다. 단 1원이라도 계약 내용 이외의 용도에 쓰면 전액 회수한다. 두 번째, 그 작업에 동조하는 보직자는 배임죄로 고발하겠다. 세 번째, 계약서 이외의 용도로 쓴다면 반환 소송하겠다."

기부금을 회수하면 결과적으로 학교에 손해를 끼치게 되고, 학교가 손해나는 일을 하면 배임으로 몰린다. 이런 일에 협조하여 실무 처리를 하는 보직자도 배임에 해당된다고 정문술은 조언했다. 이 이야기가 러플린 총장에게 전달됐다.

러플린 총장의 하차

러플린 총장의 계약은 2006년 7월까지였다. 스탠퍼드 대학 휴직 기간이 2년이었기에 러플린이 카이스트 총장 임기 4년(2008년 7월까지)을 다 채우려면 스탠퍼드 대학에서 물러나야 했다. 계약 조건은 2년 총장을 맡아보고, 임기를 더 늘이고 싶으면 스탠퍼드 대학 교수직을 사임해야 하는 조건이었다. 러플린이 돌아갈 것인지 남을 것인지를 결정하는 시점은 2006년 3월이었다.

러플린 총장은 리더십이 너무나 부족했다. 리더십이란 경험을 통하여 길러지는데, 러플린은 대학에서 학과장을 해본 경험도 없었다. 이론 물리학을 연구했으니, 어떠한 팀을 구성해서 다른 연구원들과 함께 부대끼면서 팀 연구를 해본 경험도 거의 없었을 것이다. 노벨상을 받았다는 점 외에는 대학 운영 책임자의 자질을 갖추지 못했다. 자기 뜻을 펴기 위해서는 사람을 잘 다뤄야 하는데, 전혀 그러지 못했다.

러플린은 카이스트가 사립대학이 아니고 국가기관이라는 특성을 고려하지 않았다. 그보다 더 큰 문제는, 한국 사람에 대한 우월감이 매우 강했다. 한국인을 무시하는 듯한 발언이 간간이 나왔다. 종종 "너희 나라, 너희 학교"라는 표현을 쓰곤 했다. 몇몇 사람이 그 같은 말투에 대해 충고하면 '좋은 지적'이라고 하면서도 고치지 않았다. 또 국제 컨퍼런스에 가서 공개 장소에서 카이스트 조직에 대해서 험담을 늘어놓기도 했다. 그 장소에 있던 한국 학자들이 이 이야기를 듣고 전해줘서 교수들의 비판을 자초했다.

결국 카이스트 교수협의회는 러플린 총장 연임 반대 운동을 시작했다. 보직자들이 사표를 내면서 연임 반대 운동에 힘이 실리자 이사회와 정부도 러플린의 연임에 찬성하지 않았다. 러플린은 2년 만에 스탠퍼드 대학으로 돌아갔다.

이사회에서의 참패 뒤, 러플린 총장과 측근 보직자들은 모여 패인을 분석했다고 한다. 패인 중 하나로 정문술 기금을 건드린 것이

꼽혔다. 러플린은 한국을 떠날 때 책을 하나 썼는데, 그 책의 제목이 '한국인, 다음 영웅을 기다려라'이다. 러플린은 이 책을 통해 자신이 한국의 과학기술에 대해서 하고 싶은 말을 담았다고 했으나, 이 제목에서 느껴지는 바 결국 자신이 첫 번째 영웅이니 다음 영웅을 기다리라는 암시를 담고 있다 하겠다. 끝까지 자신의 눈에 걸린 들보는 보지 못하고 돌아갔다.

러플린이 이러한 들보를 갖게 된 데에는 한국인들의 책임도 있다. 처음에 하도 극진히 환대를 하니, 어느 인터뷰에서는 자신이 왕이 된 것 같다고 말하기도 했다.

2001년에는 스탠퍼드 대학과 카이스트에서 동시에 그러나 별개로 바이오공학과 설립이 논의되고 있었다. 이 시점에 MIT 서남표 교수가 카이스트 자문교수로 왔다. 서 교수와 함께 바이오융합학과 설립에 대한 자문회의가 열렸다. 서 교수는, 왜 그런 학과를 만들려는지 설명을 부탁했다. 학과 설립의 목적을 길게 설명하려 하니, 서 교수는 이렇게 조언했다.

"길게 설명하면 정리가 안 된 것이다. 명확한 사람은 한마디로 정의한다."

"학과를 만들지 말고 연구소를 만들어라. 연구소를 만들면 당신들이 추구하는 것을 이룰 수 있다. 연구진들이 프로젝트에 따라서 들락날락하면서 융통성 있게 운영할 수 있다."

이광형은 서남표 교수의 조언이 우리나라 실정을 고려하지 않은

것이라고 판단했다. 미국의 대학 연구소들은 교수도 학생도 뽑을
수 있지만, 우리나라 대학의 연구소에게는 학생과 교수의 선발권
이 없었다.

서남표 총장의 부임

2006년에 서남표 교수가 러플린에 이어 카이스트 총장으로 왔다.
서남표 총장이 과거 자문교수 시절에 바이오및뇌공학과의 설립을
만류하고 연구소 설립을 제안했기 때문에, 그의 행보에 긴장했다.
그러나 그는 이미 만들어진 학과는 흔들지 않았다. 적극적으로 지
원해주었다.

서남표 총장은 부임하자마자 자신이 추천했던 연구소 개념의 사
업을 시작했다. 이것이 바로 KIKAIST Institute다. KI는 학과에 상관없
이 연구하고 프로젝트 끝나면 다시 학과로 돌아가는 시스템이다.

세계 일류 대학으로 성장하려면 최소한 총장 임기를 10년 이상
으로 해야 한다. 현재와 같은 제도하에서는 우리나라 대학이 세계
일류가 될 수 없다. 물론 모든 대학이 다 그렇게 변해야 하는 것은
아니지만, 우선 국제무대에서 경쟁해야 하는 대학부터 총장 임기
를 바꿔야 한다.

우리나라 교육열은 세계적으로 알아주는 수준이지만, 교육기관
의 수준은 아직 이에 부합하지 못한다. 경제, 문화, 스포츠 등 많은

분야에서 세계 10위권에 올라 있으나, 대학은 50위권에 머물러 있다. 지식을 생산하는 대학이 이렇게 뒤처져 있으면 지식산업 시대에서 경쟁에 밀릴 수밖에 없을 것이다. 50위권에 머물러 있는 우리의 대학 수준을 높이려면 무엇부터 해야 할까? 제도적인 면에서 보면 대학 총장 임기가 짧아 무슨 일이든지 끝까지, 제대로 펼 수 없는 것이 가장 큰 걸림돌이다.

정문술은 300억 원 기부에 이어 또다시 215억을 기부할 때, 조건으로 이광형 교수를 집행 책임자로 지정했다. 왜 이런 조건을 달았을까? 여러 가지 이유가 있겠지만, 무엇보다 믿을 만한 사람이 장기간에 걸쳐 한 방향으로 일을 추진해야 무엇인가 결실이 생길 것이라는 나름대로의 확고한 신념이 있었다. 자신의 기부금이 목적대로 사용되려면 일관성 있는 관리자가 있어야 가능하다는 평소의 소신과 경험이 작용했을 것이다.

카이스트 교수는 어떤가? 교수 한 명이면 학사, 석사, 박사 과정 학생 열 명 정도와 함께 연구팀을 꾸린다. 이들 팀이 적게는 4억 원에서 100억 원 정도까지 연구비를 가져오게 된다. 이중 4분의 1은 학교에 공동비용으로 내고 나머지 금액으로 연구실을 운영하게 된다. 카이스트 교수들은 연구 결과를 내고 논문을 쓰고 산학협력 연구를 한다. 여기까지만 본다면 보통 공과대학에서 하는 역할과 크게 다르지 않을 것이다. 그러나 카이스트는 미래를 위하여 국가에서 특별히 육성하는 이공계 대학이다. 세계무대에 나가서 경쟁하는 대한민국의 대표선수라 할 수 있다.

처음 카이스트가 생겼을 때, 카이스트에 쏟아지는 기대와 관심은 매우 높았다. 예전 같지 않다고 해도 지금도 카이스트에 쏟아지는 기대와 관심은 적지 않게 높다. 이 같은 기대를 카이스트 교수들도 알기 때문에, 비록 외국인 총장과 같은 새로운 시도가 실패로 돌아갔다 하더라도, 카이스트 구성원들은 개혁과 변화를 줘야 한다는 방향은 공유하고 있다.

그래서 카이스트는 외국인 총장 유입이 결과적으로 실패로 돌아갔음에도 불구하고 계속 외국인 총장을 영입했다. 새로 취임한 서남표 총장은 얼굴은 한국인이지만, 50년을 미국에서 살아온 미국 국적인이고, 서남표 총장의 뒤를 이어 총장을 맡은 강성모 총장 역시 50년을 미국에서 보낸 한국계 미국인이다.

러플린에게 시달린 경험이 전화위복이 되었다고 할까. 서남표 총장이 개혁을 할 때 많은 구성원들이 힘을 실어줬다. 미국에서 풍부한 행정 경험을 얻은 서남표 총장은 러플린과는 비교할 수 없이 노련했다. 교수들이 러플린 총장에게서 배운 것은 '저러면 안 되는구나' 하는 반면교사이다.

2000년에 들어서면서부터 20년간 이광형은 여러 보직을 두루 맡았다. 국제처장, 학부장, 교무처장, 영재교육연구원장, 교학부총장 등이다. 서남표 총장 시절, 이 교수는 매우 중요한 보직인 교무처장을 꽤 오랫동안 맡고 있었다. 그 시절, 대학본부 2층 한쪽 끝에 자리 잡은 교무처장실을 나는 찾아간 적이 있다. 그는 무언가에 몰두한 듯 분주해 보였지만, 이야기를 나누는 그의 표정과 말투 속에 초조한 기색은 없었다. 그날은 그렇게 편안한 대화를 나누었다.

카이스트의
개혁

대한민국의 대학이 세계 일류가 못 되는 첫 번째 이유는 교수진이 노력하지 않고 안주하기 때문이다. 한국 대학은 최고 순위로 잡아도 세계 50위권에 머물고 있다. 아마 올림픽 경기에 나가서 50등을 하고 오면, 국민들이 가만두지 않을 것이다.

한국 사회에서 카이스트가 직접 대학 사회를 바꾸기는 어렵다. 필자의 견해를 말하자면, 카이스트의 역할은 서울대를 자극하여 변하게 하는 것이다. 서울대를 변화시키는 데 성공하면, 다른 대학들도 바꿀 수 있게 된다. 그런데 카이스트도 편안한 생활에 익숙해지려고 한다. 당연히 서울대에 전해지는 자극이 없을 것이고, 여타의 대학들에도 마찬가지이다.

우리나라의 대학이 세계 일류가 될 수 없는 두 번째 이유는, 정부가 만들어놓은 제도 때문이다. 세계 일류가 될 수 있는 가장 기본적인 요건으로 이광형은 다음 세 가지를 꼽는다.

첫째, 총장의 임기를 5+5로 해야 한다. 5년 일해보고 문제가 없으면 5년을 더하게 해야 한다. 총장 임기가 4년마다 바뀌고 연임이 안 되면 10~20년을 필요로 하는 일을 성취할 수 없다. 미국 MIT는 150여 년 역사에서 총장이 10여 명밖에 나오지 않았다. 하버드 대학도 20년 동안 총장을 한 인물도 여럿 있다. 만약 이건희가 계속 삼성 회장을 맡지 않고 삼성 회장이 4년마다 바뀌었다면, 삼성이라는 회사가 지금과 같이 성장할 수 있었을까? 중국에서도 대학 총장 5년을 하다가 문제가 없으면 연임을 해서 10년을 일한다.

둘째, 자율권을 주어야 한다. 교육부 담당사무관, 과장, 국장이 교육정책을 마련해서 시행하는데, 국과장들 역시 몇 년 되면 자리가 바뀌니 전문성이 없다. 그런데도 하루 아침에 정책이 바뀌면 대학들은 이에 따를 수밖에 없다. 대학 운영을 제멋대로 하는 사례가 있어서 이 같은 규제가 나왔을 테지만, 최소한 세계무대에 나가서 싸워야 하는 대학에게 일관성 있는 정책과 규제가 필요하다.

셋째, 국제 경기에 나가 싸울 지원이 필요하다. 올림픽에 나가서 메달을 따기 위해서는 최소한 필요한 인력과 예산이 있다. 돈이 없다고 해서, 축구팀의 인력을 줄여서 출전하면 승리할 수 없다. 세계와 경쟁하는 대학은 세계 수준의 지원과 인력이 있어야 싸울 수 있다. 미국 MIT의 교수 대 학생 비율이 1 대 7인 데 비해, 카이스트는

1 대 17 정도다. 이런 숫자만 봐도 MIT를 따라가기는 어렵겠다는 생각이 든다.

서남표 총장의 충격 조치

서남표 총장은 테뉴어(정년을 보장받는 교수) 심사를 강화해서 심사에 떨어지면 재임용이 안 되는 개혁을 추진했다. 이 제도가 생기고 나서 매년 두세 명씩, 대략 10여 명의 젊은 교수들이 재임용되지 못하고 다른 곳으로 옮겨갔다.

대신 서남표 총장이 있을 때 교수 인력은 400명에서 600명 수준으로 대폭 늘었다. MIT 대학 교수가 1천 명 수준이므로, 카이스트의 400명 수준 가지고는 안 된다고 본 것이다. 교수 인원을 늘릴 때 재정이 부족하다는 이야기가 나왔지만, 서남표 총장은 좋은 사람 뽑으면 자기 월급은 벌어온다고 말하며 밀어붙였다. 서남표 총장은 4년의 임기를 마치고 연임하였으나, 연임된 기간 중에 교수들과 소통 문제로 중도 하차하였다.

2007년 서남표 총장 시절에는 학과 명칭이 '바이오시스템학과'였다. 이 명칭은 농과대학교에서 많이 붙이곤 했다. 카이스트와 비슷한 시기에 MIT와 스탠퍼드 대에 바이오융합학과가 만들어졌는데, 학과 명칭을 '바이오공학과'라 정했다. 카이스트 내에서 이 이름에 반대가 많았다. 이미 생물 공정을 연구하는 분야를 영어로 바이오공학이라 부르고 있었기 때문이다.

그러던 중 서남표 총장이 뇌 인지과학을 연구하는 학과가 있어야 한다는 의견을 냈다. 미래에 과학자들이 할 일로서 뇌과학이 중요한 분야로 떠올랐다. 바이오시스템학과 명칭 변경과 함께 뇌 인지과학 분야 연구를 어떻게 할 것인지가 함께 논의됐다. 결국 바이오시스템학과에서 뇌 인지과학 연구도 함께하는 것으로 결론을 냈다. 그래서 현재와 같은 '바이오및뇌공학과'로 명칭이 최종 변경됐다.

입학사정관 제도의 도입

당시 카이스트의 능력을 확대하는 방안 중 하나는 규모를 조금 키우는 것이었다. 서남표 총장은 규모 면에서 카이스트가 너무 작다고 생각했다. MIT 대학 입학생이 약 1,200여 명이고 교수도 그 수준이다. 카이스트의 교수는 당시만 해도 400여 명으로 MIT의 3분의 1 수준이었다.

결국 교수도 늘리고, 신입생 숫자도 늘려야 했다. 약간의 조정이 이뤄졌다. 우리나라 교육을 정상화시키는 방안의 하나로 카이스트가 입학사정관 제도를 처음으로 도입하기로 하고, 대신 카이스트는 교수 및 신입생 숫자 늘리기로 한 것이다. 입학생을 200여 명 늘렸다. 입학본부장 김도경 교수 등이 참여해서 가다듬은 입학사정관 제도를 2007년에 처음으로 시행했다. 첫해 반응이 너무 뜨겁다 보니 그다음 해에 전국으로 크게 퍼져나갔다.

이광형도 경기도 양평까지 학생을 만나러 간 적이 있다. 산속에 있는 작은 학교였다. 선생님을 인터뷰하고 여학생을 만났다. 두 남매를 키우는 홀어머니와 사는 이 여학생은 집에 가면 방이 한 칸이어서 공부하기가 어려웠다. 12시까지 학교에서 공부하고 나면 그때 어머니가 아이를 데리러 왔다. 입시는 1차로 이광형이 추천하면, 후에 본부에서 2차로 면접을 보는 식으로 진행됐다. 여학생은 산업공학과를 들어온 후에 삼성전자에 취업했다.(지금은 현장 방문 제도는 없어졌다.)

산골로 차를 몰고 가다가 부딪쳐 범퍼가 망가지기도 했다. 다음 해에는 졸업생들이 입학사정관을 맡는 '동문 입학사정관 제도'도 도입했다. 여론이 매우 우호적으로 반응하자, 사회 저명한 인사들을 입학사정관으로 도입하는 제도도 만들었다. 박승 전 한국은행 총재도 이 일을 맡은 적이 있다. 지금도 동문 입학사정관 제도는 남아 있다.

우수 교수 모시기

세계적으로 보아도 특이한 카이스트의 제도 중 하나는 학과별 교수 정원이 없다는 것이다. 보통은 학과별로 교수 정원이 정해져 있다. 대학본부에서 과별로 증원할 교수 숫자를 배정하면, 각 과에서는 자율적으로 교수를 선발한다. 거의 모든 대학이 다 그렇게 운영한다. 카이스트도 교수를 한 명 선발하려면 학과 인사위원회에서 3분의 2 이상이 찬성해야 했다. 그러다 보면 이 사람도 결격 사유가 있고 저 사람도 어떤 흠이 있고 해서, 못 뽑는 경우도 생겼다.

서남표 총장의 지원을 받아 카이스트는 교수 선발 인사위원회를 바꿨다. 교수 정원도 없애고 수요와 필요에 따라 학과장 중심으로 선발하도록 했으며, 3분의 2 이상 찬성해야 하는 제도를 과반수 찬성으로 변경했다. 학과에서 교수 후보를 추천하면, 학장, 교무처장, 부총장, 총장이 인터뷰를 했다.

400여 명이던 교수 규모가 계속 늘어났다. 일부에서는 교수만 늘리다가 학교가 부도가 나면 어떻게 할 것인지 우려도 나왔다. 이광형이 서 총장에게 물었다.

"총장님, 이렇게 교수를 계속 뽑으면 학교가 부도나는 것 아닙니까?"

그랬더니 서남표는 이렇게 답변했다.

"걱정 마세요. 이공계 대학은 좋은 사람만 뽑으면 부도 안 납니다."

연구비의 25퍼센트는 대학본부에서 오버헤드로 남겨둔다. 이 오버헤드를 모아 대학본부는 교수들에게 급여를 지불했다. 이론적으로 교수 한 명이 연구비를 4~5억 원 정도 가져오면 수지를 맞출 수 있는 구조였다. 교수가 400여 명이던 시절에 학교 오버헤드 수입이 약 300억 원이었다. 2020년에 교수가 640여 명에 오버헤드 수입이 800억 원 정도로 늘었으니 두 배 이상으로 확대된 셈이다.

카이스트는 요즘도 한 해에 40명에서 50명 되는 교수를 뽑는다. 매주 한 명씩 신임 교수를 선발하는 셈이다. 그럼에도 불구하고 매년 30명 정도가 은퇴하므로 전체 교수 수 증가는 크지 않다.

이광형은 "신임 교수로 온 분들을 보면 너무 황송하고 감사하다"고 말한다. 자신이 생각해도 너무 유능한 인재들이 몰리기 때문이다. 밖에서는 만날 수 없는 훌륭한 과학자를 만나는 즐거움이 보직 교수가 누리는 큰 기쁨이다.

이광형은 자신의 전공 분야가 아니어도 질문을 던지면, 신임 후보 교수들은 가장 최신의 지식의 핵심을 담아 답변을 내놓는다. 자기 분야를 정확히 알고 있는지, 설명을 잘하는지 확인할 수 있다. 한 시간 정도 걸리는 신임 교수 인터뷰 시간은 좋은 인재를 만나는 기회요, 새로운 지식을 짧은 시간에 농축해서 습득하는 시간이다.

교수진 공감 속에 출발한 테뉴어 제도

개혁은 고통스럽다. 교수 업적은 하루아침에 만들어지지 않고 10년 이상 해야 어떠한 성과가 나올 것이다. 그런데 교수 업적을 평가해서 테뉴어 심사를 통과하지 못하면 탈락시키겠다고 선언하자, 교수들 사이에서 엄청난 긴장감이 생기면서 비상이 걸렸다. 처음 테뉴어 제도를 강화할 때에는 2006년에 발표해서 이듬해에 바로 시행했다. 개인 사정에 따라 불리한 사람도 없지 않을 테지만, 강도 높은 개혁을 하지 않을 수 없었다.

서남표 총장은 강력한 교수 평가 제도를 마련했다. 이 제도가 들어오면서 재임용에서 탈락하는 교수도 생겨났다. 기본 방침은 총장이 지시하지만, 실무는 이광형 교무처장 몫이었다. 교수 평가는 새로운 것은 아니고 외국에서는 다 시행하는 것이었다. 교수를 평가할 때 분야가 많다 보니 그 분야의 사람만이 그 교수의 실력을 제대로 평가한다. 다른 분야 사람들은 알 수가 없다.

한 대학 안에서는 같은 분야 교수가 두세 명밖에 안 된다. 그러므로 자연히 평가에는 외부 인사들도 포함시켜야 한다. 카이스트는 12명이 평가하도록 했다. 카이스트 안에서 네 명, 국내에서 네명, 해외에서 네 명, 이렇게 해서 12명에게 평가를 의뢰하는 것이 기본이다. 테뉴어 심사 대상자의 인적사항을 이 12명에게 보낸다. 질문은 대체로 그 분야에서 그 사람의 위치가 어떻게 되느냐, 리더십이 있느냐, 당신네 학교에 있다면 테뉴어를 줄 만한 인물이냐 등등이었다.

그 질문지를 보내는 작업을 학과장이 맡는다. 학자들의 세계에서 이런 의뢰가 오면 되도록 답변하는 것이 불문율이다. 물론 이런 질문에 답변을 한다고 해서 비용을 지불 받는 것도 아니다. 대부분

대놓고 '노'라는 답은 하지 않는다. 대놓고 '노'라고 하고 싶은 사람이면, 아예 답장을 보내지 않는다. 그러니 편지의 행간을 잘 읽어야 한다. 조건을 달거나 토를 달면 암묵적으로 '노'의 의미를 내포하는 것이다. 이렇게 12명에게 메일을 보내고 그 메일을 받아서 정리하고 인사위원회를 열어 판단하는 데 시간이 몇 개월씩 걸린다.

카이스트는 이렇게 평가 시스템을 바꿨다. 논문 몇 편을 썼는지, 그런 형식적인 평가에 머무르지 않았다. 논문의 수 같은 것으로는 올바른 판단을 내릴 수 없다. 더구나 새로운 분야에서는 논문의 숫자가 적을 수밖에 없다. 평가위원은 절반은 본인이 추천하고 절반은 학과장이 임의로 정한다. 질문 항목은 다섯 개 정도인데, 외국의 학자들은 두 페이지, 혹은 세 페이지에 걸쳐서 정말 성의 있는 답변을 써서 보낸다. 학자 세계에서의 신사협정이라고나 할까, 이런 질문을 받으면 그 답안을 작성하느라 며칠은 시간을 보내야 한다. 하여 12명에게서 자료를 받다 보면 한 사람을 평가하는 자료가 50페이지 정도 된다. 승진 심사 대상자가 학기마다 30~40명이 되기 때문에, 인사서류의 양만 해도 수천 페이지가 된다.

이광형은 서남표 총장이 이 모든 자료를 거의 다 꼼꼼히 읽었다고 기억한다. 총장이 인사위원은 아니지만, 결과에 대하여 최종 서명을 하게 되어 있다. 간혹 업무 처리 방식이 독선적이라는 비판도 있었지만, 서 총장은 장점도 무척 많은 사람이었다. "그렇게 바쁜데 어떻게 그 많은 교수 평가 자료를 읽었는지 모를 정도"라고 이광형은 말한다. 교수들의 능력을 정확하게 판단해주는 것이 총장의 할 일이라고 생각했을 것이다.

12명의 평가위원이 작성한 자료가 모이면 인사위원회에서 판단을 내린다. 외국에서 온 자료는 누가 보냈는지 알 수 있지만, 국내에서 보낸 자료는 누가 보냈는지 모르도록 이름을 가렸다. 평가 자료는 한 부만 만들어서 학과장에게 보냈다. 학과에서는 복사하지 못하고, 돌려가면서 회람한다. 본부 인사위원회에서는 한 부씩 복사해서 읽어본 다음 회의 후에는 회수해서 폐기했다.

평가를 받는 사람은 정말 조마조마하다. 누구나 알 수 있는 계수로 측정한다면 그래도 쉽지만, 숫자로 드러나지 않으니 대상자에 오르면 초조해진다. 나에 대한 평가가 누구에게 갈지 모르니 불확실성은 항상 존재한다.

서남표 총장은 이 같은 피어peer 리뷰 제도의 기본 방향을 제시했다. 이광형은 장순흥 교학부총장과 긴밀하게 협의하며, 학과장들과 구체적인 방법 등을 상의했다. 평가서를 몇 명에게서 받을지도 학과장과 미리 논의해서 결정했다. 사전에 이렇게 충분히 이야기를 해서 결정했기 때문에 시행할 때에는 잡음이 없었다.

교수협의회 등 교수진이 인사 제도 강화에 찬성했다. 이를 본 총장은 "카이스트는 해볼 만한 대학이야"라고 말했다. 그 당시 이광형은 혼자 밥을 먹어본 적이 없다. 항상 교수들과 식사 약속을 잡고 소통을 하며 의견을 들었다. 특히 장순흥 부총장과는 모든 사안에 대하여 서로 존중하며 협의 관계를 유지했다.

개혁은 새 지도자가 임기를 막 시작해서 힘이 있을 때 바로 시행해야 효력을 볼 수 있다. 만약 서남표 총장이 임기 후반기에 이런 제도를 시행하려 했으면 매우 어려웠을 것이다. 그 당시에 만든 인사 제도는 계속 이어지고 있다. 영어 강의도 계속 이어진다. 그 전에도 재임용 탈락 제도는 명목상 존재했지만, 재임용이 되지 않는 사람들이 거의 없었다. 수십 년간 타성에 젖다 보니 누구나 그저 당연히 재임용되는 것으로 알았다. 리더는 이 같은 타성을 깨뜨리도록 분위기를 만들어야 한다. 대학교 운영의 책임자는 혁신적인 분위기를 만들고 유도해서 조직 전체에 새로운 바람을 불어넣어야 한다.

심사 대상자 40명 중에서 실제로 탈락하는 사람은 많지 않았다. 게다가 탈락한 교수들이 억울하다고 소청 심사를 요청하면 약자 보호하는 기관인 교원소청심사위원회는 많은 경우에 재심사를 하라고 카이스트에 돌려보낸다. 카이스트는 인사위원회를 열어 최종 불가 판정을 다시 소청위원회에 보낸다. 법정으로 가서 다투고 그런 과정을 거치면 아무래도 심정적으로 약자 편을 들기 쉬운 사회 정서상 몇 년 걸려 학교로 돌아오곤 했다. 여기에서 테뉴어 심사의 미묘한 힘겨루기가 작용한다. 훌륭한 교수들이 많으니까 카이스트 심사위원회에서 탈락시켜도 결국 돌아올 것이다. '그러니 자르지 말자'는 의견이 나오지만, 반대로 '사회법에 의해 돌아오면 받아들이더라도, 우리는 우리 법대로 하자'는 의견도 다수이다.

테뉴어 심사는 카이스트의 선배 및 동료는 물론이고, 카이스트 밖 익명의 과학자들이 교수를 평가하는 제도이다. 누군가가 자신을 계속 지켜보고 평가하고 있다는 긴장감을 유지하기는 쉽지 않다. 아무래도 개인 간 접촉이 많은 학과에서는 그만큼 개인적으로 엮인 정이 깊을 수밖에 없을 것이다.

이광형은 "교수 숫자가 20명 안팎인 학과는 아무래도 온정기가 있다"고 말한다. 교수만 90명 정도인 전자과의 경우, 개인적인 관계보다는 시스템으로 움직이기 마련이다.

바깥에서 지켜본 카이스트 교수들은 끊임없이 달리는 마라토너 같았다. 과학이라는 제단에 스스로 연구자의 위치를 선택해서 문명의 발전에 기여하기로 맹세한 수도자 같다. 동료들은 모두 다 경쟁자이면서도 협력을 해야 한다.

과학영재학교의 리모델링

교무처장을 하던 2006년, 카이스트 본부에서는 이광형에게 영재교육원장을 겸임해달라고 요청했다. 영재교육연구원은 과학기술부가 지정해서 카이스트가 운영하는 기관이었다. 과기부는 연구원의 운영에 만족하지 못하고 다른 기관으로 운영 주체를 바꾸려고 생각했다. 비상이 걸린 카이스트는 이광형에게 구원투수 역할을 맡겼다.

당시 영재교육원 직원은 네 명이었으며, 부산에 있는 한국과학영재학교에 10여 명의 교수를 파견하고 있었다. 정부는 한국과학영재학교를 만들 때 카이스트 교수 소속으로 교사를 선발했다. 창의성에 대해 관심은 많았지만, 생소한 영재교육 분야를 다루기 위해 각종 영재교육 학회를 비롯해서 영재교육 관계자들을 만나러다녔다. 영재교육원장 신고식을 하러 가서는 잘 마시지 못하는 폭탄주를 대여섯 잔 마시다가 인사불성이 되기도 했다.

이광형은 영재교육원장을 맡아 5년 후 예산을 50억으로 만들고인력을 30명으로 늘리겠다고 선언하고 움직였다. 열심히 사람 만나고 재원을 확보해서 6년 만인 2011년에 직원은 28명이 됐고, 예산은 30억 원가량으로 늘었다.

그러는 과정 중에 부산에 있는 한국과학영재학교가 위기를 맞았다. 부산에 있는 과학영재학교에 부산교육청이 운영 예산 140억원 중 70억 원을 담당했다. 그런데 전국에서 우수한 학생을 모집하다 보니 140여 명의 학생 중 정작 부산 출신 학생은 열 명 정도밖에 없었다. 시 교육위원들의 불만이 터졌다. 그래서 나온 방안이 운영을 국가로 넘기자는 것이었다. 유일한 영재학교이니 '국립과학영재학교'라고 하면 발전할 것 같았지만, 이광형의 생각은 달랐다. 예산은 담당자들이 열심히 뛰어야 확보된다, 학사 관리를 누가 하느냐에 따라 결과는 크게 차이가 난다. 국립과학영재학교가 되면아무도 책임지지 않는 무책임, 무사안일 경영이 시작될 것이다. 결국 '조금' 우수한 일반학교 정도로 전락할 것이다. 아무도 이런 의견을 이해하지 못하자 이광형은 설동근 당시 부산시 교육감과 담판을 벌였다. "국립으로 전환하면, 부산에서 좋은 학교 하나 없어지는 것이다, 우수한 학생 유치가 어려우면 졸업생들의 카이스트 입학도 줄어들 것이다." 며칠 뒤 설동근 교육감은 영재학교를 카이스트 부설로 완전히 넘기기로 하고 작업을 시작했다.

카이스트 내부에서는 무엇하러 고등학교까지 끌고 들어오느냐는 반대 의견도 만만치 않았다. 이광형은 좋은 학생을 유치하는 채널이니 부설고등학교도 중요하다고 설득했다. 카이스트에 고등학교를 두기 위해서는 한국과학기술원법을 고쳐야 했다. 2009년의 상당한 시간을 이 문제에 투자했다. 부산교육청, 카이스트, 국회 사이의 조율과 법률 개정은 물론 교사와 학부모의 설득도 함께 진행했다. 학칙과 인사규정, 학사규정을 새로 만들었다. 부산교육청과 카이스트 본부와 협의하여 교훈도 '창의Creativity, 열정Passion, 봉사Service'로 새롭게 정했다. 이 과정에서 과학영재교육연구원의 정현천 부원장의 도움이 컸다.

이 교수는 영재학교답게 차별화가 되어야 한다고 생각했다. 이미 영재학교는 입시 압박에서 해방되어 있었다. 거의 대부분의 졸업생들이 카이스트에 합격하기 때문이다. 실제로 다른 학교와는 차별화하기 위해 이광형은 "과학영재학교도 외국인 학생을 받아들이고, 영어로 수업하자"고 제안했다. 교사평가 제도 도입도 내놓았다.

첫 번째 영어수업 과목으로 수학 및 과학이 꼽혔다. 정원의 10퍼센트는 외국인 학생을 받자고 제안했다. 학부모와 교사들이 반대했다. 영어를 잘 못 알아들으면 학습 효과가 없다고 반발했다. "우리 학생들이 외국으로 유학 가면 영어로 수업 듣지 않느냐. 유학 갔다고 생각하자"고 설득했다.

교사들은 교사평가 제도 도입에 반대했다. 연봉을 높여주면서 차등으로 인센티브를 매기는 방안이었다. 교장, 교감, 교사들이 모두 반대하면서 도입 실패가 예상됐지만, 결국 과기부 차관을 지내고 영재교육에 관심이 많았던 정윤 박사를 교장으로 임명해서 새 정책의 뿌리를 내렸다. 정윤 박사는 자기 성과 보고서 제출을 거부하는 교사에 대해서는 규정대로 처리했다. 학교의 인사평가 제도를 부정하는 일을 하는 교사의 재계약을 규정대로 거부한 것이다. 학교에 질서가 잡히고 새로운 도약의 길로 들어섰다.

후에 영재학교가 여럿 생겼지만, 한국과학영재학교는 흔들리지 않고 실험, 실습 중심의 창의교육을 실시한다. 카이스트 교수들이 매년 20~30명씩 영재학교에 와서 강의를 한다. 과학영재학교 3학년 학생 약 30명이 2학기부터 아예 대전의 카이스트 기숙사에 들어가서 생활하며 연구 생활을 시작한다.

세계영재포럼을 만들면서 세계적으로 중요한 영재학교로 지명도가 높아졌다. 정윤 과학영재학교 교장은 "전 세계 30~40개 과학영재학교 중 우리 학교는 싱가포르, 러시아 등과 함께 빅 3로 꼽힌다"고 말했다. 전체 학생은 400여 명인데 이중 40명은 외국인이다. 교사들은 모두 박사학위를 가지고 있으며 외국인 교사가 8명 있다.

정윤 교장은 영재학교를 카이스트 부설로 만든 것은 대한민국의 영재교육을 위해서는 '절묘한 한 수'였다고 평가한다. 대학원 중심으로 출발한 카이스트가 고등학교를 부설로 둔다는 발상은 결코 쉽지 않았을 것이다. 정윤 교장은 "이광형 교수는 미래를 내다보는 혜안이 뛰어나고, 목표를 정하면 달성하려는 추진력이 매우 뛰어나다"고 말했다. 그러면서 이광형이 한국과학영재학교에 관한 각종 법령과 운영규정을 리모델링했기 때문에, "학교의 중간 설립자와 같은 일을 했다"고 덧붙였다.

고독한
자리

기부금 유치 이후

우리나라 대학에서는 민간 기부금을 유치하는 것을 '혁명'에 비유할 수 있다. 혁명 전과 후에 사람들의 마음이 바뀌는 점에서 비슷하다는 뜻이다.

1789년에 시작된 프랑스혁명은 왕권을 대폭 약화시켜 입헌군주제로 자리 잡는 듯했다. 온건파인 당통을 처형하고 자코뱅 당의 로베스피에르가 집권하며 왕을 없애고 공화제로 바꿨다. 그러나 다시 얼마 가지 않아 로베스피에르도 처형되고 혈투는 계속됐다. 1917년에 일어난 러시아혁명은 절대군주 차르를 몰아내고 케렌스키 임시정부를 세웠다. 그러나 머지않아 케렌스키는 레닌으로부터 축출되는 운명을 맞게 된다. 이광형은 카이스트에서 세 차례에 걸쳐서 총 615억 원의 기금을 유치했다. 이중 정문술이 기부한 515억 원은 새로운 학과를 만들고 미래전략대학원을 설립하는 데 사용했다. 100억 원은 이원 조교수 제도를 만들어서 신진 교수들의 연구 지원에 사용하고 있다.

큰 기금을 유치하면 좋아하는 사람들도 있지만, 일단 '왕따'가 된다. 이런 면에서 기금 유치는 혁명 전후와 비교된다. 처음에 기부 가능성이 있는 사람을 찾으면, 설득하기 위해서는 많은 사람이 합심 노력한다. 그리고 기금을 유치해오기 위해 앞장선 사람에 대하여 찬사를 아끼지 않는다. 그러나 기부자가 서류에 서명하는 순간 상황은 변하고, 새로운 전선이 형성된다. 기부금을 어떻게 쓰느냐, 누가 쓰느냐, 왜 이리 돈 사용에 까다로운가, 누가 이런 조건을 붙여 왔느냐 등등…….

기부금은 다양한 형태로 들어온다. 아무런 조건 없이 학교가 알아서 쓰라고 주는 돈도 있지만, 이런 예는 매우 드물다. 카이스트에 50억 이상 들어온 기부금에 조건이 붙지 않는 돈은 거의 없다. 대부분 기부자는 뜻하는 목표가 있고 그 목적을 달성하는 데 사용하라고 주문한다. 그러면 그 목적 수행의 책임을 진 사람과 다른 사람들 사이에는 갈등이 생기게 된다. 이광형은 "처음에는 이것이 무척 마음 아팠지만, 혁명의 역사를 공부하고 나서는 마음을 편히 먹었다"고 한다.

정문술 기금은 사용 목적이 명확했고, 이광형을 집행 책임자라고 못박았다. 이광형이 학교 내에서 왕따가 되기에 충분한 이유였다. 정문술이 두 번째 기부금을 낼 때에는 협약서에 이광형은 10년간 미래전략대학원을 책임지고 운영해야 한다는 조건을 붙였다. 기부자의 불안감을 해소해주기 위하여 학교 측은 이 조건을 받아들였다. 그러나 이광형은 대학원장직을 5년간 수행하다가 다른 교수에게 넘겨주었다.

오이원 여사의 기부금도 마찬가지였다. 오이원 여사도 사용 목적을 명시하여 기부했고, 협약서에 이광형 교수를 기금운영위원으로 넣으라고 지정해두었다. 학교가 사용하기 좋게 조건이 없는 기부금을 받아 와야지, 왜 이런 조건을 붙여 오느냐는 볼멘소리가 들리기도 했다. 그리고 집행 책임자를 지정한다는 것은 학교를 믿지 못한다는 말인데, 그런 사람이 왜 학교에 기부하느냐고 말하는 사람도 있었다.

옷은 내 것이 아니다

교무처장은 대학교 권력의 핵심 직책이다. 이광형은 날짜만 비워놓고 항상 사직서를 써놓고 다녔다. 실제로 그는 교무처장 시절에 세 번의 사표를 썼다. 처음에 시작할 때 날짜 없이 써서 서랍에 넣어두었다. 바이오및뇌공학과에 학과명으로 문제가 생겼을 때 날짜를 기입해서 총장에게 가져갔다. 정중히 반려받고 들고 나왔다고 한다. 그리고 다시 날짜 없는 사표를 써놓았다. 두 번째는 2년이 되었을 때였다. 보통 선임자들이 2년 정도 임무를 수행했다. 총장은 두 번째 사표도 반려했다. 사실 이때는 정보통신대학교와 한국영재학교의 통합 작업을 진두지휘하는 중이라 업무를 중단하기 어려운 상황이었다. 그러고서 다시 세 번째 사표를 써놓았다. 그러나 세 번째 사표는 끝내 제출하지 못했다. 서남표 총장의 첫 임기 4년이 끝나면서 자동 면직되었기 때문이다.

이광형이 여러 보직을 두루 거치면서 느낀 점을 이야기했다. 보직을 하면서 받은 명함은 그 보직이 끝나면 다 버린다고 했다. 보직은 옷과 같은 것이다. 인간이 떠날 때는 결국 옷을 벗고 간다. 옷은 내 것이 아니다. 옷을 보며 나에게 손을 내미는 사람은 옷을 벗으면 더 이상 볼 일이 없게 된다. 나무가 잎을 모두 떨구고 섰을 때 비로소 자신의 모습을 보여주는 것과 같다. 옷을 화려하게 보이려 하지 않고, 옷을 다 벗은 모습을 아름답고 강인하게 만드는 일에 지중에야 한다고 말했다.

그 시절 교무처장은 테뉴어 제도를 도입하는 실무를 맡아야 했을 것이다. 지금껏 시행되지 않았던 엄격한 테뉴어 심사로 교수 몇 명을 내보내야 하는 일을 맡았다. 이광형은 지금도 그 일을 상세하게 기억하고 있다. 그러면서 자신 있게 말할 수 있는 한 가지가 있다고 했다. 제도를 시행하기 위하여 그런 일을 했지, 심사에서 탈락한 분들에게 사적인 감정을 갖고 한 일이 아니라는 점을 인식시키며 임했다는 것이다. 그래서 테뉴어 심사에서 끝내 탈락하여 갈 곳 없는 교수는 몇 년씩 초빙교수로 있게 뒷바라지를 해주었다. 물론 이 사실을 총장에게 말하지는 않았다.

드라마 〈카이스트〉의 주인공

1998년 어느 날 갑작스럽게 〈모래시계〉의 작가 송지나가 문하생 작가 네 명과 함께 찾아왔다. 과학을 소재로 드라마를 구상하고 있다고 했다. 어떻게 해야 재미있는 이야깃거리를 만들 수 있을지 얘기하던 중에 학생들이 괴짜 교수인 이광형 교수를 만나보라고 해서 찾아왔다고 했다.

연구실에서 한참 이야기하다가 점심을 먹으러 갔다. 갈비탕을 먹고 나오며 송지나 작가가 말했다. 이제 드라마를 쓸 수 있을 것 같다고. 주인공 교수의 모델을 찾았으니, 이제 스토리가 만들어질 수 있겠다고 했다. 그렇게 해서 드라마 〈카이스트〉가 탄생하게 되었다. 이광형은 작가들과 대화하며 소재를 제공하고, 거의 매주 드라마 대본을 받아보고 감수했다.

6개월 일정의 드라마가 시청률이 30퍼센트에 육박하는 등 인기가 치솟자 일정이 1년을 넘기게 되었다. 방송국에서는 계속하기를 원했다. 그러나 송지나 작가는 지쳐서 도저히 계속할 수 없었다. 촬영 한 시간 전까지 원고를 붙잡고 씨름하는 과정은 그야말로 피를 말리는 사투였다. 송지나 작가가 더 이상 지속할 수 없는 상태가 되자 후임 작가들이 동원되었다. 매회 끝부분 찡하게 울림을 주던 극적인 반전 같은 구성이 약해져가고 시청률도 떨어지기 시작했다. 결국 SBS는 1년 10개월의 대장정을 마감하였다.

드라마 〈카이스트〉의 대본은 송지나, 감독은 주병대가 맡았다. 당시 신인 배우들이 대거 출연했다. 이민우, 채림, 이은주, 김정현, 이나영, 지성, 강성연 등의 배우들이 이 드라마로 데뷔하였다. 이광형 교수를 모델로 한 전산과의 괴짜 교수 '안 교수'도 나왔다. 드라마 촬영은 주로 학교 캠퍼스에서 이루어졌다. 일반적으로 영화나 드라마 촬영장은 구경꾼들이 몰려든다. 그런데 드라마 〈카이스트〉는 구경꾼이 전혀 몰려들지 않아서 배우와 스태프들이 이상하게 느꼈다고 한다. 어떤 배우는 학생들이 자신들을 무시하는 듯 눈길도 주지 않는다고 투덜대기도 했다.

드라마가 끝난 후에 송지나 작가와 주병대 감독을 초청하여 기념식수를 했다. 대학 본관 근처의 좋은 자리에 두 개의 모과나무를 심고 두 사람의 이름을 새겼다. 2001년 5월이었다. 20년이 시난 지금 모과나무들은 지금 무성하게 자라서, 가을이면 노란 과일들이 탐스럽게 달린다. 이광형은 2019년 가을에 '송지나 나무'에서 모과를 한 박스 따서 송지나 작가에게 보냈다. 모과차를 담가서 20년의 우정을 회상해보려는 뜻이었다.

서열 1위 카이스트 거위

2001년은 이광형 교수가 정문술 기금을 받아서 바이오및뇌공학과를 만들며 고전하던 시기였다. 이광형은 송지나를 학교 연못으로 안내했다. 최근에 그가 기르기 시작한 거위와 오리들을 보여주기 위함이었다. 카이스트 캠퍼스 연못에는 거위와 오리가 항상 유유히 헤엄을 치고 다닌다. 차도를 가로지르며 엄마 거위가 새끼 거위를 달고 건널 땐 차들이 모두 멈춰 서서 기다린다. 거위가 건너는 횡단보도라는 교통표시판도 붙어 있다.

이 유명한 거위와 오리는 이광형 교수가 2001년부터 기르기 시작했다. 캠퍼스가 크고 연못도 넓은데, 뭔가 움직이는 친구가 있으면 좋겠다는 생각이 들었다. 무엇을 기를 것이며 어디에서 구해야 하나? 4일과 9일에 열리는 인근 유성시장에 가서 새끼들을 사왔다. 처음에는 오리를 키웠는데 오리는 너무 작아 보였다. 어렸을 적에 집에서 거위를 키웠던 기억을 되살려 그는 오리보다 훨씬 큰 거위를 사다 호수에 풀어놓았다. 거위는 봄, 여름, 가을에는 풀을 먹고 산다. 그러나 겨울에는 먹이를 주어야 한다.

공부에 지친 학생들이 연못에 나와서 거위에게 먹이를 주며 머리를 식힌다. 주말이면 주변의 어린이들이 새우깡을 사들고 와서 거위와 사진 찍고 즐거워한다. 처음에는 이광형이 자기 혼자 즐거워서 거위를 기르기 시작했다. 그런데 사람들이 즐거워하는 모습을 보면 그도 즐겁다. 다른 사람이 즐거워하게 만들면 나도 행복해지는 것을 배웠다고 한다.

연못의 거위와 오리는 20년이 흐른 지금도 학교의 귀염둥이로 사랑받고 있다. 거위는 카이스트에서 가장 서열이 높은 존재로 자리매김했다. 학생들은 거위가 총장님보다 더 위라고 말한다. 지금도 거위가 줄지어 도로를 건널 때에는 모든 자동차들이 멈추고 경의를 표한다.

지금 연못에는 거위 열한 마리, 오리 네 마리가 살고 있다. 이 교수는 한때 타조를 기르려고 시도해봤다. 타조는 더욱 다이내믹해서 큰 캠퍼스에 어울릴 것 같았다. 그러나 교통사고 위험이 있어서 포기했다고 한다. 송지나는 드라마를 하는 기간에 이러한 거위들이 있었더라면 좋은 소재가 되었을 텐데 하며 아쉬워했다.

이광형은 자연스럽게 "새로운 학과를 만들려고 하는데, 반대가 너무 심해서 고전 중"이라고 고민을 이야기했다.

송지나는 이렇게 대답했다.

"그것은 이미 너무 좋은 일일 것입니다. 너무 좋으니까 반대한다 생각하게요. 굴하지 말고 나중에 결과로 보여주세요."

이 말에 이광형은 큰 힘을 얻었다.

카이스트에서 거위들이 차지하는 위상을 보여주는 시가 한 편 있다.

대전 카이스트

마당 거닐다가

웬

거위 한 떼거리

가로막힌다

그냥 가지 마

꾸벅 아랑곳하고 가

아니라면

휘파람이라도 불고 가

몇십 년 전

이광형 교수

시내 장터에 가

어여쁜 새끼 거위 몇 마리

사 들고 와

대학 마당에 풀어

여기서 함께 살자

여기서 함께 살자

그로부터

오늘에 이르기까지

이놈들도 카이스트 학생 노릇

새끼가 어미 되고 아비 되고

또 새끼들 어른 되니

그네들 없으면

카이스트 없어라

오늘도 정년 앞

이광형 교수와

그의 그림자

이쪽 강의동에서

저쪽 연구동으로

건너가다가

한 떼거리 거위 제자들 만나

요즘 공부 잘되지

(무안, 〈카이스트 거위〉)

미술관 설립과 교내 버스킹 도입

2020년 초 오랜만에 이광형 부총장 사무실을 방문했을 때, 커다란
모니터에서는 그림이 한 장씩, 마치 그림 쇼라도 하듯 올라오고 있

었다. 그는 미술관 설립을 추진하고 있었다. 카이스트 도서관인 학술문화원의 주차장 쪽 벽을 넓혀서 400평 규모의 미술관을 세우는 계획을 추진하는 중이었다. 미술관 운영을 효과적이고 경제적으로 하기 위해 새로운 건물을 짓는 대신, 기존 도서관의 벽을 확장하는 방안을 선택했다. 추가 인력 충원 없이 운영할 수 있기 때문이다.

3년 전에 발전재단 직원들과 식사하는 자리에서, 이광형은 은퇴하기 전 마지막 꿈이 하나 있다고 했다. 카이스트에 미술관을 선물하고 떠나고 싶다고 말한 바 있다. 지금 추진하는 미술관 설립은 이광형이 마지막으로 카이스트에 남기는 작품이 될 것 같다.

2019년부터는 학내 버스킹도 시작했다. 카이스트는 매주 한 번씩 교내 강당에서 음악회를 개최한다. 큰맘 먹고 시간을 따로 내서 강당을 찾아가는 음악회도 좋지만, 식사하고 나왔더니 거리에서 나오는 음악을 저절로 듣는 기쁨도 필요하다. 교내 음악 동아리를 뒤져보았더니 수십 개가 나타났다.

학생생활처에 요청해서 노래하고 싶을 때 시간 정해서 공연하라고 앰프와 마이크를 준비해서 제공했다. 학생들은 자기들끼리 월요일은 학부 식당 앞에서 점심시간에, 목요일은 도서관 앞에서 저녁시간에 공연한다. 교수 동아리에서도 공연을 신청하곤 한다.

KAIST

3 멘토

실리콘밸리 연수 인턴 시절. 왼쪽부터 김창범, 이건명, 김영달, 이광형

벤처 창업의 요람
카이스트 전산학과

1990년대만 해도, 학교에 다니는 학생이 창업하면 큰일나는 일이었다. 1년에 50명이 카이스트 전산학과의 석사 과정에 들어오는데, 이들에게 허락된 일은 열심히 연구해서 논문 쓰고 졸업하는 것이었다. 똑같이 연구하고 똑같이 논문 쓰고 그런 판에 박힌 것인데, 이광형 교수 연구실만 창업같이 '이상한 일'을 하는 게 드러났을 경우 엄청나게 비난을 받았을 것이다. 그래서 창업은, 독립운동하듯이 쉬쉬하면서 몰래몰래 진행됐다. 학생들은 필요한 기술을 누가 잘한다 하면 찾아가서 "이런 거 하려는데 같이 하자"고 제안했다. 그러면 "교수님이 알면 안 되니까 비밀 엄수다" 하면서 무슨 독립운동이라도 하는 비밀조직을 만들어서, 졸업할 때까지 뭉쳤다.

지도교수 이광형은 학생들이 하고 싶은 것을 하라고 격려해주고, 보너스 받으면 학생들이 만든 회사에 투자했다. 작은 것 같아도 이런 것은 아주 중요한 의미를 띠었다. 학생들 입장에서 보면 '지도교수님이 돈까지 주면서 격려한다' 생각하니까 엄청 신이 나는 일이었다.

김택진, 김정주, 송재경은 서울대학교 학부 시절 같이 공부를 한 친구 사이이다. 이들을 가리켜 세간에서는 '게임업계 3인방'이라고 부른다. 서울대 컴퓨터공학과를 나온 뒤 송재경과 김정주가 카이스트 전산학과로 진학해서 기숙사에서 같이 지냈다. 전산학과에서 김정주와 이해진이 룸메이트였고, 송재경은 옆방이었으며, 김영달도 옆방이었다. 이해진은 나중에 네이버를 설립했고, 김영달은 세계적인 보안카메라 회사인 아이디스를 세웠다. 이런 인연으로 후에 김정주와 송재경이 의기투합해서 넥슨을 만들었다. 석사만 하고 졸업한 송재경은 졸업 후 김정주와 헤어지고 김택진과 만나 엔씨소프트를 만들었다.

인터넷 천재들의 빅뱅 시대

1990년대 중반, 우리나라는 경제 상황도 좋아지고, 모든 것이 잘되어가는 듯 보였다. 당시 전산학과 석사 과정에 50명 정도가 들어왔는데, 다른 연구실에 들어간 학생들은 성실하고 착실한 모범생이고, 이광형의 연구실에만 그렇게 제멋대로인 학생이 들어왔을 리는 없었을 것이다. 그런 성향이 모이기도 했겠지만, 놓아 기르니까 학생들이 그런 쪽으로 개성을 발휘했을 것이다.

이광형 연구실의 김창범과 김병학은 해킹의 선구자였다. 대학 때 재미로 배웠는데 공부는 안 하고 해킹에 빠져 있었다. 해킹의 원조이자 그 당시 최고 고수였다. 특히 김창범은 학부 과정에서 F학점을 수도 없이 맞았다. 이 학생은 자기가 좋아하는 것만 했다. 시험 전날에도 흥미가 없으면 시험공부를 하지 않았다. 학사경고를 하도 많이 받아서 졸업을 앞두고 퇴학당할 위기에 처해졌다. 동료 과 후배들이 천재를 살려야 한다고 탄원서를 제출했다. 물론 지도교수인 이광형이 앞장섰다. 학교의 학사심의위원회는 아주 예외적으로 퇴학을 시키지 않고 졸업을 시켜주었다.

김창범과 김병학은 해킹 방어기술을 다루는 '인젠'이라는 회사를 만들었다. 인터넷을 통한 해킹 시도를 막는 소프트웨어를 만드는 회사였다. 회사가 이름도 나고 잘되는 듯했다. 그런데 엉뚱한 곳에서 문제가 터졌다. 김창범, 김병학, 둘 다 병역특례 기간 중이었다. 병역특례 기간 중에는 회사 창업을 하면 안 되는 규정이 있었고 지금도 그렇다. 남의 회사에 취직하는 것은 괜찮아도, 회사 사장을 맡으면 안 되는 규정이 있다. 두 사람은 그래서 사장을 외부 사람에게 맡겼는데 그 사장이 욕심을 냈다. 이광형이 미국에 가 있는 동안 연락이 왔다. 회사에 분란이 생겼다고.

이광형도 회사 지분이 있으므로 경영권 방어는 문제가 되지 않았다. 당시만 해도 회사 세울 때 5천만 원의 자본금이 있어야 했는데 흔히 편법으로 5천만 원을 열흘 정도 빌려서 통장에 넣었다가 잔고 확인심사를 거친 다음 높은 금리로 돌려주는 방법도 많이들 썼다. 회사 설립했을 때 사용했던 이 편법을 고발하겠다고 임시로 앉혀놓은 사장이 협박을 해왔다. 이광형은 이 회사를 잊어버리자고 학생들을 설득했다. "비생산적인 일에 시간을 쓰면 안 된다. 다투지 않고 피해서 다른 생산적인 일을 하는 것이 훨씬 낫다." 인젠은 그런 대로 5년은 잘나가다가 지금은 없어졌다. 인젠을 포기하고 회사를 나온 김창범과 김병학이 새로 세운 회사가 해커스랩이다.

김병학은 지금 카카오에서 AI 담당 부사장으로 있다. 김창범은 김영달과 함께 카드에 인쇄해주는 산업용 프린터를 생산하는 회사를 운영하고 있다. 운전면허증과 신용카드에 글자를 인쇄하는 기계가 김창범의 작품이다. 과거에는 운전면허 시험장에 가면 검사가 끝나면 면허증을 찾으러 다시 가야 했다. 지금은 약 10분 후에 면허증이 나온다. 김창범 박사 덕분이다.

책상 하나에 벤처 하나

신승우는 친구들과 포털 사이트를 만들려고 휴학했다. 몸이 커서 항상 땀을 흘리던 신승우가 참여하여 만든 것이 네오위즈이다. 포털에서 시작해 게임 쪽으로 선회했지만 이 회사 역시 지금도 건재

하다. 네오위즈에서 나온 신승우는 지금 또다시 게임 관련 회사를 창업하여 게임 기술을 개발하고 있다.

김준환도 아주 독창성이 강한 학생이었다. 수영 동아리 멤버로 매일 수영 연습을 하고, 보디빌딩을 열심히 했다. 운동을 하도 열심히 해서, 공부는 언제 하나 궁금하기도 했지만, 석사를 조기 졸업했다. 자기 관리를 잘하는 사람은 역시 달랐다. 졸업 후에 친구들과 영상처리하는 회사 올라웍스를 창업하여 경영하다가, 인텔에 매각했다. 김준환은 지금 또 다른 벤처를 시작했다. 창업이 전공이 되고 있다.

아이디스를 창업한 김영달은 스타일이 달랐다. 성실하고, 열심이고, 창의적이고, 빈틈없고, 잘 어울리고, 모든 면에서 모범적인 학생이었다. 그는 처음에는 교수가 되고 싶어 했다. 훌륭한 교수가 될 자질이 보였다. 그러다가 길을 바꾸어 회사를 창업하였을 때에도 타고난 능력을 최대로 발휘하였다.

모든 학생들이 다 길을 잘 찾아간 것은 아니었다. 1999년쯤에 들어온 D는 "나도 창업해야겠다"면서 6개월 휴학했다. 한 학기 후 복학했을 때에 세미나 시간을 할애해 어떤 회사를 만들었는지 발표해보라고 시간을 주었다. D는 "Freedom"을 슬로건으로 내걸고, 하고 싶은 말을 하는 자유를 최대한 보장하는 익명 게시판을 만들었다. 익명을 완전히 보장하여 하고 싶은 말을 하게 해준다는 뜻으로 "Freedom"을 강조했다. 이 교수는 익명으로만 게시하면 인신

공격 문제가 생길 수 있는데, 완전한 익명을 가능하게 하는 자유를 보장하는 회사를 만들려고 하느냐고, 크게 야단을 쳤다. 이광형은 책상을 치며 화를 낸 적이 딱 한 번 있는데 바로 이때였던 것으로 기억한다. 그리고 그런 것 만들면 연구실에서 추방하겠다고 경고했다. 이런 것을 보면, 사람은 타고난 성격이 있기는 하지만, 그렇다고 해서 그것만이 다가 아니라는 것도 알 수 있다.

넥슨 사옥에서 하는
홈커밍데이

이광형 교수 연구실 졸업생들은 매년 한 번씩 홈커밍데이 행사를 연다. 대체로 창업한 졸업생들이 돌아가면서 자기 회사로 초청해서 모임을 갖는다.

2014년 홈커밍데이는 세계 3대 인터넷 게임 회사로 성장한 넥슨에서 5월 31일 열렸다. 마침 이광형 교수가 환갑을 맞는 해이다 보니 평소보다 규모가 커졌고, 외부 인사들도 자리를 함께했다. 판교에 자리 잡은 넥슨 사옥은 1층은 주변 사람들이 누구나 들어올 수 있도록 개방해놓았다. 사옥 안에 있는 어린이집이 "한국에서 아마 가장 좋을 것"이라고 안내를 맡은 넥슨의 한 사원이 말했다.

넥슨 사옥 1층에 자리 잡은 강당은 이름이 '1994 Hall'이다. 1994년은 김정주 회장이 넥슨을 창업한 해이다. 학창 시절 김정주

넥슨 사옥에서 열린 홈커밍데이. 왼쪽부터 이지형 성균관대 인공지능대학원장, 김영달 아이디스 대표, 이광형, 아내 안은경, 이도헌 카이스트 교수, 김정주 넥슨 회장.

는 첫 번째 들어간 연구실에서 적응을 못하다가 이광형 교수 연구실로 옮기면서 하고 싶었던 게임 만드는 기술을 개발했을 뿐 아니라, 게임회사도 차렸다.

이 교수가 전산학과 교수였던 시절 유난히 이 교수 연구실을 거쳐간 학생들 사이에 벤처기업을 창업한 학생들이 많았다. 이들 기업들은 지금 약 3조 원의 연매출을 내고 약 7천 명을 고용하는 결실을 거뒀다. 이러한 현상을 보고 한때 어떤 사람들을 이광형을 '카이스트 벤처의 대부'라고 부르기도 했다. 카이스트에 수많은 연구실이 있는데, 유독 이 교수의 연구실에서 이런 현상이 나타난 것은 그야말로 흥미로운 사건이었다.

이광형에게 "어떻게 해서 창업하는 제자들을 길러냈느냐"고 물어봐도 별다른 비법을 듣지 못한다. 지도교수가 자상하고 상세하게 잘 이끌어서 이루어진 것으로 생각하기 쉬울 것이다. 아니면 어떤 비밀스러운 방법이 있지는 않을까 궁금해할 것이다. 전혀 그렇지 않다. 오히려 이광형은 "내가 방해하지 않아서 잘했을 것이다"라고 말하곤 한다. 그는 "나는 내 영향력을 학생들에게 무리하게 미치려 하지 않았고, 비교적 학생들을 자유방임형으로 다뤘다"고 한다. 어떤 연구실은 학생 생활까지 세심하고 깐깐하게 지도하는데, 이 교수는 학생 생활관리 같은 부분은 신경쓰지도 않았다. 잔소리 안 하고 학생들이 원하는 것을 하도록 북돋워준다는 소문이 퍼졌나 보다.

연구실에서 쫓겨난 김정주

어느 날 자동차를 타고 가는데, 옆자리에 앉아있던 박사 과정 1학년이던 김영달이 이광형에게 물었다.

"어느 교수님 연구실에 있는 두 명이 하도 연구가 잘 안 되고, 교수님한테 야단을 많이 맞아 쫓겨나게 생겼는데, 우리 연구실로 오라고 하면 어떨까요?"

"누군데?"

"김정주, 김병학이라는 학생이에요. 잘하긴 하는데 자유분방한 성격이니 우리 랩에 왔으면 해요."

"그래? 그럼 오라고 그래."

일반적으로 대학원에서 학생이 연구실을 바꾸는 것은 쉬운 일이 아니다. 현재 지도교수와 맞지 않는다는 것을 공식적으로 선언하는 셈이 되기 때문이다. 지도교수 눈치를 봐야 하는 학생의 입장에서는 떠나겠다는 말을 꺼내기 어렵다. 새로 맞이하는 지도교수는 학생을 빼오는 듯한 느낌을 줄 수도 있다. 그러니 어느 누가 먼저 말을 꺼내기 어려운 사안이다.

더욱 어려운 것은 그때만 해도 지도교수를 바꾸려면, 현 지도교수와 새 지도교수가 서류에 사인을 해야 했다. 이러한 서류 작업은 학생을 구속하는 장애물이 되기도 한다. 지도교수가 싫어서 떠나는데, 지도교수에게 사인을 해달라고 해야 하는 상황이 생긴다. 그리고 허락하지 않으면 떠날 수 없다는 모순도 있다.(그후 카이스트는 현 지도교수의 사인을 생략할 수 있게 바꾸었다.)

이런 일이 생기면, 일반적으로 학과장이 개입하여 중재해서 관련자들을 면담하여 타당하다고 생각되면 허가한다. 자기 연구실에서 학생이 나가는 것을 좋아할 교수는 없다. 이때도 학과장이 '학생을 왜 두 명씩이나 빼가느냐'는 식으로 물었다. 학생들이 희망하여 그렇게 된 것이라고 설명해 두 학생이 연구실을 옮겼다.

김정주는 박사학위를 따지는 못했다. 1995년 이광형 교수가 안식년을 맞아 미국 스탠퍼드 대학 연구소로 연수를 떠났다. 그 기간 동안 이광형이 어느 선배 교수에게 김정주를 비롯한 학생들의 지도를 부탁했다. 임시 지도교수 밑에서도 박사 과정 중인 김정주는 여전히 잘 나타나지 않았다. 게임을 만든다는 소식도 들었다. 임시 지도교수는 학생이 공부도 안 하고 게임만 만든다고 심하게 야단을 쳤다고 한다. 그런 식으로 다니려면 자퇴하라고 해서, 결국 퇴학의 수순을 밟고 말았다. 이광형 교수에게 이 문제에 대한 상의가 오가지는 않았다.

후배 교수가 맡긴 박사 과정 학생을 선배 교수가 아무 상의 없이 퇴학시킨 사건의 내막은 한참 뒤에 소상히 알려지게 되었다. 한번은 넥슨 게임을 좋아했던 송지나 작가가 넥슨 회장 김정주가 이광형 교수의 제자인 것을 알고, 그를 직접 찾아가서 만났다. 김정주는 송 작가에게 "이광형 교수가 있었다면 내가 박사학위를 받을 수 있었을 것"이라고 털어놓았다고 한다. 이광형 역시 "부족하더라도 어떻게든 끌고 채워서 졸업시켰을 것"이라고 말했다.

예상을 뛰어넘은 성공

김정주는 평범하지 않았다. 수업도 잘 안 들어왔다. 세미나에도 늦게 들어오고 일찍 나갔다. 문득문득 보면 머리카락이 노랗게 변하기도 하고, 어떤 때는 붉은 빛을 띠기도 했다. 게임을 연구한다고, 김정주는 그런 이야기를 가끔 비쳤다.

김정주는 인터넷 게임회사를 만들었는데, 그 당시는 인터넷이 잘 연결되지 않은 상태였고 사람들이 이메일이 무엇인지도 잘 모르던 시절이었다. 외국에서 온 연구원들이 우리나라 사람에게 이메일 주소를 물으면, 그게 무엇을 의미하는지 몰라 쩔쩔 매던 시절이었다.

그런데 김정주는 아직 존재하지 않는 시장을 상상하며, 그 미래의 시장에서 사람들이 누릴 인터넷 게임을 만든 것이다. 이렇게 미리 준비해놓으니까, 정작 인터넷이 깔리게 되었을 때는 당연히 선두주자가 되어 있었다. 첫 작품 '바람의 나라' 이후 계속하여 히트를 치면서, 선두 자리를 지키며 오늘에 이르고 있다. 넥슨의 연간 매출액이 약 2조 5천억 원을 넘고, 순이익이 30퍼센트 이상이다. 일자리를 7천 개 이상 만들었다. 매출의 약 70퍼센트가 외국에서 들어온다. 명실상부한 세계 3대 게임 업체가 된 것이다.

그러나 이광형은 "솔직히 김정주가 버겁기도 했다"고 회상한다.

"수시로 머리색을 바꿔가면서 염색하는 것을 바라보는 내 마음은 편하지 않았지요. 저 학생을 어떻게 감당해야 하나? 머리가 복잡했어요."

김정주는 인사할 때도 공손하지 않게 머리를 그저 까딱하고 말았다. 그럴 땐 '자식, 인사도 안 하는구먼'이라는 마음이 저절로 올라왔다. 마음속으로 욱한 감정이 치밀 때도 있었지만, 순간 마음을 고쳐먹곤 했다. '저렇게 제멋대로인 학생도 좋은 재목이 될 수 있다'고 이광형이 생각을 바꿨다. 밥상머리에서 절대로 남에게 대해 부정적인 생각을 하지 말고, 장점을 보라고 말씀하시던 아버지를 이광형은 마음에 새겼다.

김정주의 특성을 물었을 때, 이광형은 "아마 돌발성, 창발성 이런 것이 아닐까 싶다"고 답했다. 이어 "김정주같이 돌발성을 가진 사람은 몇백 몇천 명을 지휘하는 리더십을 발휘하기 어려울 것이라고 생각했었다"고 덧붙였다. 학생 김정주의 머릿속에는 약간 다른 세상이 있었다. 다른 시간과 다른 공간에서 사는 사람이었다. 이광형은 "이런 사람은 현실에서 사람을 움직이는 일에 서투를 것"이라고 생각했다. 그러나 지도교수의 예상은 완전히 빗나갔다. 김정주는 회사를 키우는 데 매우 훌륭한 능력을 보여줬다.

김정주 스타일의 리더십은 경영이라기보다 예술에 더 가깝다. 그는 자기의 권한을 과감하게 위임한다. 그리고 아주 좋은 사람을 만난다. 그런데 좋은 사람을 만나 파트너로 삼아서 자기 권한을 대폭 위임하는 게 단순히 운이 좋다고 되는 일인가? 아닐 것이다. 훌륭한 사람을 주위에 데리고 있으면서 몇천 명을 움직이는 것을 보면, 돌발성, 창발성을 넘어서는 그 무엇이 김정주에게는 있다.

본사 건물을 짓고도 왜 안 가볼까

김정주는 회사를 남의 손에 맡겨두고 마음 편하게 공상하고 다닌다. 넥슨은 2014년 5월 판교에 새 사옥을 준공했다. 넥슨 판교 사옥은 2월에 준공했지만 이광형 교수의 홈커밍데이는 5월에 열렸다. 그런데 김정주 넥슨 회장은 홈커밍데이 인사말에서 "신사옥을 오늘 처음 와봤다"고 했다. 회사를 창업하고 나서 20년 만에 처음으로 번듯한 사옥을 지었는데 완공되고 4개월이 지나도록 한 번도 안 와봤다는 게 말이 되는가? 공식 행사를 마치고 식사시간에 이 교수는 김정주 회장에게 다가갔다. 혹시 잘못 들었나 싶기도 하고, 다른 뜻인가 해서 물었다.

"진짜 사옥 방문한 게 오늘이 처음이냐?"

김정주 회장은 답했다.

"오늘이 처음이에요."

이런 면에서 김정주와 정문술이 매우 비슷하다. 정문술도 본인이 기부한 돈으로 지은, 자기 이름이 붙은 건물에 8년 동안 오지 않았다. 기공식 때도 준공식 때도, 얼굴을 비치지 않다가 지금까지 딱 두 번 방문했다고 한다.

김정주 회장은 회사는 사장에게 맡기고, 자신은 다음 아이템 준비하려고 본인의 시간 중 3분의 1은 해외에서 보낸다고 한다. 그동안 사장을 내쫓았다느니, 사장을 해고하려 했더니 회장의 약점을 들춰서 협박한다느니 하는 소문 따위는 전혀 들리지 않았다. 김정주 회장은 회사에 자주 출근하지 않고, 어디를 갈 때도 소박한 옷차림에 혼자 다닌다. 넥슨이 다른 건물에 세 들어 있던 몇 년 전 이야기다. 김정주 회장이 회사에 출근하기 위하여 회사 정문에 들어오자 경비원이 가로막았다.

"무슨 일로 왔습니까?"

"네……?"

결국 위층에서 일하던 직원이 내려와, 경비에게 김정주의 신분을 설명하고 나서야 김정주가 회사에 들어갔던 일화도 있다.

이광형도 김정주가 학생일 때 그의 참모습을 다는 몰랐던 셈이다. 그저 돌발성에 부적응 스타일이니 연구직은 하면 좋겠다는 정도로만 생각했다. 이러한 스타일의 경영 리더십은 교과서에서도 찾아보기 힘들다.

천사 교수님

김정주는 게임을 만들어 큰 어려움 없이 승승장구한 것같이 보이지만, 이미 학생 시절에 만만치 않은 시련을 겪으면서 성장했다.

"회사하다가 망하고, 돈 떨어지고, 그러면 다시 만들고, 초창기의 그 혼란한 상황에서, 제가 의탁할 수 있는 분은 이광형 교수님밖에는 안 계셨던 것으로 기억납니다. 그런 면에서 이 교수님께 큰 은혜를 입었고, 어떻게 감사를 드려도 모자라지요"라고 김정주는 말한다. 그럼에도 불구하고 김정주는 학생 때도 지금도 "그냥 게임을 만들어서 서비스할 수 있다는 것이 행복하다"고 덧붙인다.

김정주 회장은 인터뷰에서 "다들 이광형 교수님을 '천사'라고 불렀다"고 말했다. 컴퓨터를 전공할 수 있게 되었고, 인터넷을 누구보다도 먼저 접할 수 있게 되었고, 자신이 좋아하는 게임을 만들어 회사를 시작할 수 있었다는 것, 그것이 "나에게는 큰 행운이었다"고 그는 회상한다.

어느 사이에 이광형 교수 연구실은 자기가 하고 싶은 대로 하는 자유방임형으로 소문이 나 있었다. 비슷한 시기에 생물과에서 석사 과정을 마친 박종만이 이광형을 찾아왔다. 그는 생물과에서 배운 지식을 바탕으로 미래의 컴퓨터인 바이오컴퓨터에 도전해보겠다고 했다. 단백질로 구성되어 단백질로 작동되는 컴퓨터를 연구하고 싶다고 포부를 밝혔다. 박종만도 아마 자유방임형 연구실을 찾아왔을 것이다. 박종만은 약 1년간 이것저것 만지작거리더니, 아담소프트라는 회사를 만들고, 한국 최초의 사이버 가수를 탄생시켰다. 단백질 컴퓨터 대신에 나온 사이버 가수 아담은 한때 많은 인기를 누리기도 했다.

실리콘밸리에서 꿈을 찾은
김영달

1980년대 중반, 카이스트는 우리나라에서 가장 앞선 인터넷 환경을 가지고 있었다. 전길남 교수, 김명환 교수 등이 미국에서 직수입한 최신 컴퓨터와 네트워크 환경은 이제 막 대학생이 된 한국의 젊은이들에게 신선한 충격을 줬다. 첨단 기술과 장비를 한국에서 가장 빨리 접촉한 젊은이들은 당시 카이스트에 몰려 있었다. 마침 이광형은 이 흐름을 잘 타고 학생들에게 자율과 자유를 줬다. 자신의 연구내용을 무조건 따라오게 하는 대신 돕는 역할을 했다.

당시 전산학과 학생들은 디지털로 급변하는 시기에 많은 학생들이 게임, 검색, 포털, 보안 등의 분야로 흩어졌다. 이중 김영달 아이디스 사장은 예외적으로 제조업으로 시작했다.

1987년 카이스트 학부로 입학한 김영달은 하드웨어와 소프트웨어에 모두 관심이 많았다. 전산과이면서 전자공학에도 관심을 기울였다. 학부를 졸업할 때 취업백과에 나온 자료를 기준으로 보면 당시 삼성전자 초임이 65만 원, 데이콤이 80만 원 수준이었다. 자신의 부족함을 절감한 김영달은 석박사로 방향을 틀었다. 석사 과정 때 연구실로 들어온 김영달에게 이광형은 "네가 하고 싶은 것을 하라"면서 하드웨어도 같이 연구하도록 배려했다. 특정 분야에만 정통한 스페셜리스트가 되기보다, 광범위한 분야를 열어놓고 뻗어나가게 했다. 이광형 교수는 박사학위를 이렇게 정의한다.

'특정 분야에 세계적으로 앞선 깊은 지식을 얻었으며, 다른 분야를 연구해도 6개월 안에 전문가가 될 수 있는 능력을 배양한 사람.'

전산학과 도둑이 가르쳐준 CCTV의 길

이광형은 김영달이 박사학위를 받을 때 세심하게 배려했다. 박사학위 논문 심사위원 다섯 명 중 전산과 교수가 세 명, 전자과 교수가 두 명이었다. 김영달이 얼마나 자유롭고 자율적이었느냐 하면, 학부생일 때도 대덕연구단지의 전자통신연구원ETRI에 가서 아르바이트를 했다. 학교에서 배운 것이 어떻게 쓰이는지 궁금했던 김영달은 학부 3학년 때 선배에게 부탁해서 당시로서는 생소한 '인턴'을 경험했다. 석박사 과정으로 올라갔을 때도 ETRI에서 아르바이트 과제를 줬다. 이런 일이 가능했던 이유는 연구실이 자유방임형이었기 때문일 것이다. 하드웨어와 소프트웨어를 같이 아는 박사는 거의 없었기 때문에 ETRI는 김영달에게 PCS폰에 들어가는 반도체 칩을 테스트하는 장비 개발을 의뢰했다. 김영달은 서너 건의 프로젝트를 수행하고 무려 1억 원을 벌었다. 이것이 훗날 아이디스를 설립할 종잣돈이 된다.

연구원이나 교수가 유일한 진로라고 생각하던 김영달이 창업을 결심한 계기가 1995년에 찾아왔다. 이광형이 안식년을 맞아 미국 스탠퍼드 연구소로 가면서 제자들을 몇 개월씩 인턴으로 불러왔다. 자신이 본 실리콘밸리 현장을 제자들에게도 보여주기 위함이었다. 그 비용을 조달하기 위하여 실리콘밸리의 두 개 회사로부터 연구 프로젝트를 받았다. 카이스트의 유수한 학생들을 경험한 현지 회사들이 감탄하며, 그들이 더 오래, 많이 머물게 해달라고 부탁해왔다. 그러나 이 교수는 다른 학생들에게도 기회를 주어야 한다며, 6개월마다 학생들을 교체해 불렀다.

이런 실리콘밸리 파견 연수를 거친 학생은 모두 일곱 명이 되었고, 이들 모두가 새로운 세상을 경험하고 눈을 뜨게 됐다. 이러한 경험은 1998년 외환위기 사태가 터지면서 중단되었는데, 계속되었더라면 이를 경험한 학생들의 좀 더 많은 창업이 이루어졌을 것이다. 학생 파견은 선배 순서대로 진행되었는데, 어떤 학생은 자기 앞에서 중단되었다고 아쉬워했다. 10여 년이 지난 후에 어느 졸업생이 이광형에게, 자기의 인생도 달라질 수 있었는데 외환위기 때문에 그런 기회가 없어졌다고 말했다.

김영달은 수백 개 기업이 기술을 바탕으로 세계적인 벤처기업으로 성장하는 모습에 신선한 충격을 받았다. 김영달은 석사 과정 때 SCI 논문을 쓰면서 특허를 두 건 냈다. 학술적인 특허여서 실용화와는 거리가 있었다. 그런데 특허 가진 것을 어떻게 알았는지 벤처캐피탈에 있는 한국계 미국인이 "투자하고 싶으니 만나자"고 연락을 해왔다. 김영달은 두 시간 동안 "학술적인 것이라 상용화는 어렵다"고 거꾸로 설득했다.

김영달은 박상일 박사가 세운 PSI라는 회사에서 인턴을 했다. 박상일은 스탠퍼드 대학에서 박사 과정에 배운 원자현미경 기술을 이용해 PSI라는 회사를 차려 승승장구하고 있었다. 전 세계에서 박상일이 만든 원자현미경을 구입하러 찾아왔다. 우리나라에서는 찾아보기 힘든 첨단기술 기반의 독립적인 기업은 김영달의 마음에 불을 지폈다. 박상일은 그 후에 한국에 돌아와 동일 아이템으로 다시 창업하여, 파크시스템스라는 히든챔피언 회사를 운영하고 있다.

창업을 결심한 김영달은 한국으로 돌아와 1년 동안 고민했다. 하루는 전산학과 사무실에 도둑이 들었다. 경비실에 가서 CCTV 화면을 보니, 어떤 사람이 밤에 들어왔다 나간 모습이 있었다. 그런데 신원을 알아볼 수 없었다. 비디오 테이프가 오래되어 화질이 떨어졌다. 일본에서 들여온 보안장비는 마그네틱 테이프에 사진을 저장하는 아날로그 방식이었다. 영상도 흐리고, 검색하려면 수십 수백 시간에 달하는 테이프를 지루하게 돌려봐야 한다. 인터넷에 접속도 안 되고, 멀리 떨어진 사무실에서 본다는 것은 꿈도 못 꿨다.

김영달에게 순간적으로 아이디어가 떠올랐다. '이 아날로그 영상을 디지털로 바꾸어 컴퓨터에 저장하면 되겠다.' 우리가 지금 보편적으로 쓰고 있듯 컴퓨터에 영상을 저장하면, 항상 깨끗하게 재생할 수 있다. 연구실에서는 이미 보편화된 기술이었다. 그러나 CCTV 산업계에서는 아직 쓰이지 않는 기술이었다. 김영달은 보안장비인 디지털 CCTV 개발로 방향을 잡았다.

1년 만에 세계시장 석권

하드웨어와 소프트웨어에 모두 능숙한 김영달은 1년 만에 보안영상을 저장할 때 디지털로 저장하는 신제품을 선보였다. 아날로그를 디지털로 변환하는 신제품 중 호주, 일본, 유럽 등지에서 열린 전시회에서 모두 1등을 차지했다. 유통망을 구성하기 어렵다 보니 기존 글로벌 기업의 브랜드를 달고 판매하는 ODMOriginal Design Manufacturing으로 진출했다. ODM은 생산자가 설계와 생산을 하고, 영업망을 갖춘 회사가 판매하는 방식을 말한다. 부품 및 제조는 아웃소싱하고 최종 조립 테스트만 아이디스가 맡았다.

2000년 시드니 올림픽을 앞두고 1999년에 열린 국제적인 테스트에서 1등을 하면서 시드니 올림픽의 모든 보안장비로 채택된 것이 결정적인 역할을 했다. 2001년 코스닥에 상장하고 2002년 디지털 비디오 레코더 분야에서 세계시장 점유율 1위로 올라섰으니, 이렇게 빠른 성장세는 매우 드문 경우였다. 제조업으로서는 깜짝 놀랍게도 영업이익이 가장 좋을 때는 40퍼센트까지 치솟았고 수출이 매출의 80퍼센트를 차지했다.

아날로그를 디지털로 바꾼 보안장비를 만만하게 보고 한국에서만 100여 개 기업이 따라오고 전 세계에서 모두 달려들었지만, 아이디스의 아성은 흔들리지 않았다. 김영달 사장은 "소프트웨어에서 차별화가 된다"고 말한다. 카메라에서 받아들인 영상 데이터를 하드에 저장할 때 다른 업체들은 파일 시스템을 사용한다. 그럴 경우 저장해야 하는 데이터 양이 엄청나게 늘어난다. 아이디스는 매우 고가이면서도 기능이 뛰어난 데이터베이스 관리DBMS 방식으로 저장했다. 다만 DBMS를 보안장비용으로 간편하게 짜서 하드웨어에 접목시켰다.

오랫동안 데이터를 보관해도 사라지지 않고 검색이 자유로우며, 안정성이 뛰어나다. 하드웨어와 소프트웨어에 모두 정통한 김영달의 잠재력이 발휘된 것이다.

자체 브랜드로 제2의 도약

아날로그였던 카메라가 디지털로 바뀌면서 2012년부터 보안장비 세계시장이 한 번 더 크게 변했다. 아이디스가 파트너를 맺은 보안 장비 회사들이 뒤처지기 시작했다. 새로운 신흥강자들이 나오면서 결국 아이디스는 ODM을 버리고 자체 브랜드를 들고 세계시장으로 다시 진출해야 하는 새로운 도전의 시점을 맞이했다. 직접 세일즈하면서, 광고도 하고 법인도 세워 전 세계에서 현지 직원을 뽑았다. ODM은 급속히 줄고 자체 브랜드 매출은 서서히 올라가면서 2017년에 처음으로 적자로 떨어졌다. 아이디스가 기초체력이 부족했다면 반짝하는 기업으로 주저앉을 수도 있는 위기였다.

다행히 김영달 사장은 2012년부터 그동안 쌓아놓은 현금 1,500억 원으로 관련 사업을 하는 기업을 인수했다. 산업용 디스플레이 제조, 포스POS용 인쇄회사 등이다. 2018년부터 아이디스는 다시 이익으로 돌아섰다.

아홉 번 잘하다가도 한 번 잘못 하면 기초체력이 약하여 주저앉는 벤처기업의 위기는 오지 않았다. 현재 아이디스는 전체 자산규모는 약 8천억 원, 순자산 6천억 원, 유보현금 3,500억 원에 매출은 5,500억 원, 연간 이익이 500억 원 수준이다. 2022년 매출은 1조 원을 바라본다. 창업하고 난 뒤 돈을 빌려본 적 없는 무차입 경영이 아이디스의 또 다른 특징이다. 다만 기업 인수 합병을 하면서, 파트너 기업과는 피를 섞었다.

대구 출신의 김영달은 중3 때 아버지에게서 "너는 수학을 잘하니 상고 가서 은행에 취직하라"는 권유를 받았다. 왠지 대학을 가고 싶었던 김영달은 고등학교까지 보내주면 그다음부터는 알아서 하겠다고 다짐하고 2개월 사이에 반 석차를 15등에서 1등으로 올렸다. 고등학교 3학년 때 김영달은 자신의 형처럼 전액 장학금을 주는 곳을 고르다가 카이스트가 눈에 들어왔다. 당시 한양대가 성적 우수자에게 학비 선액 면제에 한 달 장학금을 30만 원을 줬다. 서울대에 합격하면 받을 수 있는 동문 장학금도 있었다. 그런데 어느 날 카이스트에 다니는 1년 선배가 와서 학교를 소개했다. 무료이고, 최첨단으로 가르치고, 기숙사 생활에 장학금도 있다고 했다. 같은 학교에서 네 명이 지원했는데, 세 명은 학교의 권유로 서울대 등으로 빠지고 김영달만 카이스트로 가게 되었다.

김영달 사장은 "카이스트 시절에 너무 행복했다"고 미소를 짓는다. 그의 세상이 완전히 바뀌었다. 기숙사도 좋았고, 식사도 맛이 있었다.

대부분의 대학이 교육부 표준에 맞춰야 하던 시절, 카이스트는 무학과 제도에 기술도입이나 교수진 초청에서 가장 앞서나갔다. 젊은 학생들은 우리나라에서는 가장 빨리 '월드 와이드 웹'을 접하고, MP3로 장난을 치고, 인터넷으로 기술자료를 받거나 채팅을 했다. 다른 학교에서 프로그램 언어로 코볼을 쓸 때 C언어를 배웠다. 오픈 시스템인 유닉스UNIX를 접하면서 프로그램도 마음대로 짜보았다. 한글자판용 컴퓨터 프로그램도 만들어 깔았다.

혹독한 창업사관학교

그렇지만 카이스트의 학사 관리는 엄청나게 강도가 높았다. 신입생 오리엔테이션 때였다. 학점 제한이 없고, 1년에 100학점을 딸 수도 있고 학점 인정제도 도입했다는 설명을 들은 한 학생이 손을 들고 교수에게 도전했다.

"6개월 만에 졸업할 수도 있나요?"

"가능하지만, 4년 안에 졸업할 수 있을지 걱정해야 할걸."

한 학기 지나니까 100여 명이 카이스트에서 학사경고를 받았고 그다음 학기에 100여 명이 학사경고를 받아 1년 만에 50명이 잘렸다. 학부생은 한 학년에 540명이 입학했지만, 303명만이 4년 안에 정상적으로 졸업했다. 입학 동기생 중 약 100명이 두 번 학사 경고를 받아 중도 탈락했다. 약 100명은 졸업을 못해서 5학년으로 머물렀고, 약 50명은 안 가도 되는 군대로 피신했다고 김영달은 기억한다. 기숙사 생활도 파격의 연속이었다. 초등학교를 일찍 들어가고 과학고를 1학년만 다니고 들어온 학생들은 정상 입학생과 비교하면 무려 네 살 차이가 났다.

김영달은 세 살 적은 동기생과 룸메이트가 됐다. 기숙사 들어가는 날, 룸메이트의 부모님께서 김영달에게 "자네는 조금 늦구먼"이라고 말했을 정도였다. 새벽 2시에 기숙사에 귀가하면, 주로 기숙사에서 공부하던 세 살 어린 입학 동기는 김영달에게 "오늘은 조금

일찍 들어왔네요"라고 인사를 건넸다.

　이 혹독한 시절을 견뎌낸 카이스트 학부생들은 연구소를 평정하고, 대학 교수가 되어 학계에 새로운 연구 풍토를 조성했다. 대한민국의 인터넷 업계를 뒤엎어놓았으며, 세계적인 해커를 길러내고, 국제적으로 몇 안 되는 토종 포털 사이트를 탄생시켰다.

　김영달 아이디스 사장은 "카이스트가 축복이었고 거기에서 배운 지식만 가지고도 연구소에서 칭찬 받았다"고 한다. 이어 그는 "이광형 교수는 가능성이 현실이 되도록 씨앗도 던져주고 운동장을 만들어줬으며 굉장히 자유롭게 풀어줬다. 너무 잘 만들어주셔서 감사드린다"라고 했다.

학생을 지도하는 두 가지 방법

교수가 석박사 학생을 지도하는 것은 두 가지 철학의 서로 다른 유형이 있다. 첫째는 대학원 석박사 과정 연구할 때 교수가 연구 방향을 잡아주고 "이런 연구를 해야 좋다, 이것이 노다지다" 하고 시키는 타입이다. 교수는 자기가 가진 큰 꿈을 달성하는 데 필요한 연구를 하나씩 대학원생과 해결해서 큰 집을 짓는다.

　두 번째 유형의 교수들의 철학은 전혀 다르다. 교수의 업적이라는 건, 사람을 기르는 게 업적이지 연구 결과를 내는 게 그보다 우선될 수 없다고 본다. 모든 연구는 학생 중심으로, 학생이 원하는 과제, 학생의 장래에 도움이 되는 것을 하도록 한다.

물론 연구 주제를 교수가 정해주는 연구팀은 큰 업적을 낼 수 있다. 교수가 큰 밑그림을 가지고 연구를 차근차근히 일관성 있게 추진하기 때문이다. 이런 유형의 단점은 학생들이 독창성을 발휘할 기회가 줄어들고, 학생은 큰 연구의 일부를 맡아 하는 부속 담당자 역할을 맡게 된다는 것이다. 선배들이 A 부분 연구를 마치면 후배들은 B 부분의 연구를 하고, 그다음 학생 역시 연구를 이어받아 C 부분을 계속하는 식이다. 그런 연구팀은 결과가 좋고 유명해지고 연구비도 많이 딴다. 그러나 많은 경우에 이런 연구팀을 졸업한 학생은 만족도가 높지 않은 경우가 꽤 있다.

두 번째 유형의 교수 밑에서는 학생의 관심은 아주 다양하다. 똑똑한 학생일수록 앞의 것 이어받기를 싫어한다. 십중팔구는 앞의 학생 연구 과제를 따라가지 않는다. 무엇을 연구할 것인가 하는 과제는 학생이 찾아온다.

이광형은 두 번째의 유형에 든다. 모든 것을 학생 중심으로 하고 학생이 하자는 대로 하다 보니, 연구실에서 큰 업적이 안 나오는 것처럼 보인다. 그러나 이 교수는 좋은 학생이 나온 것을 자랑한다. 학생이 스스로 연구 주제를 잡기 위하여 고민하고 자료를 찾는 과정이 교육에서 무엇보다도 소중한 시간이다. 스스로 문제를 정의할 능력을 가진 사람은 문제를 해결할 능력도 가졌다. 주제를 잡아준 적도 있지만, 학생이 갈피를 잡지 못하는 경우였다.

KAIST

4 과학자

나란히 서 있는 정문술빌딩과 양분순빌딩

융합연구의
묘미

이광형 교수의 기본적인 연구 분야는 인공지능이고 그 속에서도 퍼지fuzzy이론이다. 이것을 바탕으로 바이오 정보와 미래예측 분야로 확대시켰다. 퍼지이론은 컴퓨터에게 인간처럼 불확실하고 애매한 정보를 다룰 수 있게 해주는 기술이다. 컴퓨터가 인간과 같이 생각하고 판단하려면 인간의 사용하는 언어를 이해해야 한다.

그런데, 인간의 언어는 매우 애매한 의미를 가지고 있다. 예를 들어서 우리는 매일 '좋다', '나쁘다', '높다', '아름답다' 등의 단어를 사용한다. 냉정하게 따져보면 참으로 애매하기 짝이 없는 단어들이다. 우리 인간은 이러한 애매한 단어를 사용하면서 큰 불편 없이 생활하고 있다. 컴퓨터가 인간처럼 생각하려면 이러한 애매한 단어들을 배워야 한다. 이처럼 애매한 것들을 컴퓨터가 이해할 수 있게 해주는 것이 퍼지이론이다.

똑똑한 '퍼지 엘리베이터'

이광형은 처음에는 이론연구에 몰두하다가, 응용연구로도 시선을 돌렸다. 이 교수 팀은 1990년대 중반 LG산전과 엘리베이터를 개발했다. 아직도 이광형을 퍼지 엘리베이터를 개발한 교수로 기억하는 사람들이 적지 않다.

당시 우리나라의 주요 엘리베이터 회사는 세 개였다. 동양, LG, 현대 중 가장 큰 회사는 LG였지만, 중요한 기술은 일본에서 들여왔고 우리나라는 엘리베이터 박스를 만들어 파는 정도였다. 엘리베이터 제어 컴퓨터는 일본에서 사다가 판매했다. 1990년대 중반까지 대형건물에 엘리베이터가 네다섯 개 있으면, 모든 엘리베이터의 버튼을 다 눌러서 빨리 오는 것을 탔다.

일본에서는 그룹 관리 엘리베이터가 나와 있었다. 네 개 엘리베이터가 운행되어도, 손님은 버튼 하나만 누른다. 네 개 중 가장 가깝게 있는 것이 손님을 실으러 온다. 효율도 올라가고, 전기도 절약하고, 적은 엘리베이터로 많은 사람 수용하는 하이테크 제품이었다.

LG산전과 제휴한 일본 히타치는 그룹 관리 엘리베이터를 판매할 때 들어가는 컨트롤 컴퓨터는 값을 기존 것의 세 배를 매겼다.

일본 히타치는 그룹 컨트롤 엘리베이터를 개발할 때 퍼지기술을 사용했다고 한다. LG산전이 이를 흉내 내려고 했는데, 잘 안 됐다.

LG산전과 이광형 교수팀이 연결되었다. 엘리베이터의 원리를 공부하고 작동방법을 연구했다. 2년이 흘러 드디어 성공하면서 곧바로 상품화되었다. 상품은 FX7600, FX7800이란 이름으로 팔리기 시작했다. 제품이 나오고 건물에 설치되니까 논문 몇 개 쓴 것보다 훨씬 보람 있게 느껴졌다. 한국형 퍼지 엘리베이터가 나오면서 회사가 활기가 돌고, 일자리가 늘어나는 것을 보았다. 이광형은 '아, 이거구나. 이런 걸 해야 하는구나' 하고 느꼈다.

LG산전의 엘리베이터 사업은 오티스OTIS에 넘어가서, 이제 오티스라는 이름으로 팔린다. 이광형은 몇 년 전에 오티스 회사의 사장을 만났다. 과거에 그룹 관리 엘리베이터를 자신의 연구실에서 개발했다고 말했다. 사장은 지금도 그 제품을 팔고 있다고 말했다. 핵심에 해당하는 그 프로그램을 바탕으로 약간씩 바꾸어 신제품을 만들어 팔고 있다.

대학이 특허권을 가지도록

퍼지 엘리베이터를 개발하고 기술을 넘겨주고 프로젝트가 끝났다. 당시만 해도 대학교수가 특허 내는 데 관심 없던 시절이었기에 LG산전이 특허를 냈다. 몇 년 후 동양엘리베이터에서 연락이 왔다.

LG산전과 비슷한 것을 만들어달라고 요청을 해왔다. 물론 LG산전과 관계를 생각하여 도의적으로 받아들일 수 없는 일이라 정중하게 사양하고 추진하지 않았다.

퍼지 엘리베이터 기술은 카이스트 연구팀이 특허를 내는 것이 더 바람직했을 것이다. 기술을 대학에서 보유하고, 각 기업에게 무상으로 실시권을 주는 방안을 도입했다면 어떻게 되었을까? 모르긴 해도 카이스트 엘리베이터 연구팀이 세계 최고의 엘리베이터 연구 전문 그룹이 될 수도 있었을 것이다.

원천 특허권이 없는 분야를 연구하면 나중에 큰 낭패를 당하기 쉽다. 아무리 좋은 기술을 개발해도, 그것의 뿌리가 되는 원천 특허에서 허락해주지 않으면, 상용화할 수 없다.

미국에서는 기업이 비용을 대고 대학교에서 연구하면, 특허권을 대학교가 갖는다. 비용을 댄 기업은 특허권을 무상으로 사용하는 권리를 갖는다. 그래야 처음 연구를 한 그 교수는 그 지식을 가지고 계속 발전된 연구를 할 수 있다. 계속 연구하면 세계 최고가 될 수 있디.

기술의 발전이라는 측면에서 보면 이 같은 방침이 더 타당하다. 앞에서 봤듯이, 대학에서 퍼지 엘리베이터 기술을 개발했는데 특허권이 회사에 귀속되어 있으면, 그 대학은 퍼지 엘리베이터를 더욱 발전시키는 연구를 하기 어렵다.

결국, 우리나라 산학협력 특허권 소유 관행에 문제가 있다는 것이다. 어느 분야이든 최고 전문가로 양성될 수 있는 환경을 만들려면, 권리가 대학에 있어야 편리하다.

미국에서 온 서남표 총장은 기업과 하는 모든 연구의 특허권은 카이스트가 갖고, 기업에는 무상 실시권을 주도록 했다. 미국 대학들이 하는 방침이라고 했다. 이 같은 방침에 기업들은 당연히 반발했지만, 서남표 총장은 삼성이나 LG 같은 대기업이 하버드나 MIT 같은 미국 대학에 연구비를 줄 때는 특허권을 대학에 귀속하도록 하면서, 어째서 한국 대학에 대해서는 이중 잣대를 적용하느냐고 질문했다. 미국 기업들은 대학에 연구비를 주고 연구를 할 경우 특허권이 대학에 귀속된다는 방침을 당연하게 여긴다. 마이크로소프트도 카이스트에 연구 과제를 주면 특허권을 카이스트에 준다.

그 전에는 회사가 대학에 연구 과제를 주면 "감사합니다" 하고 받았지만, 지금은 대학이 깨어서 무조건 덥석 받지 않는다. 그렇게 종속적인 관계가 되면 결국 대학연구는 그저 하루살이밖에 안 되는구나, 하는 모순을 깨달았다. 이런 추세를 돌리기 위해서라도 특허권을 대학에 귀속시키는 제도가 필요하다.

이런 문제를 해결하기 위해 대통령 소속 국가지식재산위원회가 특별위원회를 구성했다. 목표는, 어떻게 하면 특허권 소유권 문제를 잘 해결하여 산학협력을 활성화시키느냐였다. 2011년부터 학계, 기업, 법률 관계자들이 모여서 거의 1년을 토의했다. 2012년에 보고서를 발간했으나 결과는 기대 이하였다. 이것은 쌍방의 계약에 의한 것이라 법으로 어떻게 정해놓기 어렵다는 결론을 내리고 가이드라인을 만들었는데, 이현령비현령耳懸鈴鼻懸鈴이 돼버렸다. 그 가이드라인이라는 것이 대학 소유로도, 기업 소유로도, 공동 소유로도 할 수 있다는 애매모호한 결론이다.

이쪽 회사 기술이 서쪽 회사에서도 사용된다면 처음 연구개발을 의뢰한 기업에서는 불만이 나올지도 모른다. 그럼에도 불구하고 깊이 들어갈 수 있는 대학연구를 송두리째 싹을 자르는 것보다는 나을 것이다. 현재 카이스트에서는 기업과 연구계약을 할 때 가장 먼저 챙기는 것이 지식재산권이다. 특허권을 기업이 모두 가져간다고 하면 연구가 시작되지 않는다. 조금씩 상황이 개선되고 있는 것이다.

광양제철소 음료수 철판

이론연구 대신 응용연구로 방향을 바꾼 이광형이 또 보람을 느낀 것 중 하나는 음료수 캔 연구이다. 요즘 나오는 음료수 보면 캔이 살짝만 눌러도 들어갈 만큼 얇고 유연하다. 몸체가 한 덩어리로 되어 있어서 캔의 이음새가 없고, 위에 뚜껑만 붙인 투피스 캔two-piece can이다.

이에 비해 그 전에 나오던 음료수 캔을 잘 살펴보면, 옆에 금속 이음새가 있는 스리피스 캔three-piece can이다. 스리피스 캔은 철판을 세 개 연결하여 만든 것으로 철판이 약간 두꺼워도 된다.

투피스 캔은 철판을 뜨겁게 달군 뒤 찍어서 만든다. 그러려면 철판이 얇아야 하고 또 철판 두께가 균일해야 한다. 그렇지 않으면 프레스로 금속판을 눌러 찍었을 때 찢어진다. 투피스 캔을 만들기 위해서는 철판 두께가 약 0.2밀리미터로 얇아야 한다.

1990년대 초반에 일본 기술자들이 지금 유행하는 투피스 캔을 개발했다. 내용물도 중요하지만 캔이 멋이 있으니까 소비자들은 자꾸 손이 그리로 갔다. 국내 음료수 회사들은 그래서 일본에서 캔을 수입해서 사용했다.

철판 판매가 줄어들게 된 포스코에서 큰일났다 싶어 연구했는데 잘되지 않았다. 얇은 철판 생산을 담당하는 광양제철소에 비상이 걸렸다. 제조 공정을 보면 의외로 단순하다. 두꺼운 철판을 밀가루 반죽 밀듯이 두께가 0.2밀리미터가 되도록 만들어야 한다. 그런데 철판을 프레스로 누르면 갈라지기도 하고, 철판이 식은 뒤엔 뒤틀리는 현상도 나타났다. 철판의 두께가 균일하지 않기 때문이었다.

제철소에서 철판을 만들어내는 냉연압연장치는 양쪽에서 철판을 밀어내면서 큰 프레스로 누르는 방식이다. 이 프레스는 위에 커다란 롤러가 세 개, 아래에 큰 롤러가 세 개씩 달렸다. 롤러의 직경은 약 2미터가 되고, 롤러를 누르기 위해서는 4톤, 8톤, 10톤 등의 거대한 힘이 필요했다. 문제는, 어떤 때는 얇고 균일한 철판이 나오다가 어떤 때는 잘 안 되다가 한다는 점이었다.

이에 비해 일본 히타치 제철소 기술자들은 동일한 장비를 이용하여 균일하게 얇은 철판을 만들어냈다. 철의 성분이 좋아야 하고, 누르는 힘이 적절해야 하고, 온도도 맞아야 한다. 포스코 기술자들이 아무리 노력을 해도 균일한 제품이 나오지 않았다. 포스코 연구진은 철의 성분, 온도, 힘, 냉각수 등의 기능한 조합으로 온갖 실험을 해봤지만, 원하는 규격으로 균질한 제품이 잘 나오지 않았다.

하루는 포스코에서 이광형 교수를 찾아왔다. 제철과 전산이 무슨 상관이 있겠는가 싶지만, 일본 히타치가 "퍼지기술로 했다더라"는 소문을 듣고 유일한 실마리로 붙들고 찾아온 것이었다.

컴퓨터 앞에서 퍼지 인공지능을 공부하던 이광형과 석박사 과정 학생들은 난생처음으로 제철소에 가서, 3층짜리 집 같은 압연기계를 구경했다. 이 어마어마한 일에 손을 대는 것은 쉬운 일이 아니었다. 바닥부터 제철소 공부를 하고 시행착오를 거치며 이광형 교수를 비롯해서 석박사 전공 학생들이 3년을 발품을 팔았다. 순천역에서 기차를 내리면 광양제철소행 총알택시들이 활주로에 대기하듯이 늘어서 있다. 시속 130킬로미터 속력으로 달리는 택시에 타고 손잡이를 꽉 붙잡는 일을 수없이 했다. 이때는 좌석에 엉덩이를 살짝 붙이고 손잡이를 꼭 잡아야 했다. 웅장한 제철소 정문에 도착하면 손바닥에 땀이 그득했다.

현장 기술에 인공지능을 입히다

제철소에 가면 용광로에서 나오는 뜨거운 철 용액을 뜨거운 상태에서 누르는 열연 과정이 있다. 약간 식은(그래도 섭씨 1천 도이다) 다음에 눌러 철판을 만드는 냉연 과정을 거친다. 압연하는 과정에 들어가는 롤러 프레스가 3층집 정도의 크기로 크다. 빨리 뽑으면 초속 20미터의 속도로 철판을 뽑아낸다.

카이스트 연구팀은 포스코 엔지니어와 함께 이 거대한 프레스를 제어하는 기술에 도전했다. 현장 경험이 중요하기 때문에, 현장 기술진과 함께 개발했다. 처음에는 컴퓨터상에서 철판을 눌러 뽑는 실험을 했다. 컴퓨터 시뮬레이션이 어느 정도 되니까 현장 실험을 하려 했다.

그런데 압연 장비가 워낙 비싼 장비라서, 함부로 세울 수 없었다. 잠시 정지시켜도 수억 원의 손해가 발생한다. 컴퓨터 실험에 성공했어도 원하는 때에 현장 테스트를 할 수 있는 상황이 아니었다. 기계는 24시간 돌아간다. 기계를 유지 보수할 때에 세운다고 하는데, 그것도 1년에 두세 번 정도라고 했다. 학생들이 그 시간을 맞출 수 없는 노릇이었다.

그래서 결국 현장 실험은 현장 기술자들에게 맡기고 카이스트 연구팀은 철수했다. 다행히 현지 기술자들이 마지막 부분을 성공시켰다.

처음 연구를 시작할 때의 이야기다. 포스코 기술자들이 수동으로 작업하면 어떤 때는 원하는 제품이 나오고, 어떤 때는 뒤틀리는 제품이 나왔다. 사람이 하는 일이라 기계를 균일하게 조정하지 못하는 것이다. 사람은 그 조건을 24시간 긴장해서 유지할 수 없지만, 기계에게 시키면 잘할 수 있다. 일정한 상태로 기계를 작동시키려면 기계(컴퓨터)가 조정해야 한다. 문제는 어떻게 컴퓨터가 사람이 하는 정교한 일을 대신하게 하느냐 하는 것이다. 이것이 바로 전형적인 인공지능의 문제이다.

퍼지 인공지능기술로 인간의 노하우를 프로그램해서 컴퓨터에 입력한다. 이 교수팀은 인간이 말하는 내용을 프로그램으로 만드는 일을 했다. 현장 기술자가 "이렇게 이렇게 하니까 되더라" 하고 말로 설명하면, 그 지식을 프로그램으로 작성하여 컴퓨터에 입력한다. 이것이 퍼지기술이다. 그리고 이것을 학습시키기 위해서 신경회로망 기술을 이용했다.

힘을 4톤을 주고 쿨런트(냉각수)는 얼마 뿌리고, 그런 정보들을 컴퓨터로 프로그래밍해서, 항상 그 조건을 유지하도록 자동화하는 것이 개발의 핵심이다. 이런 과정을 거쳐서 두께 0.2밀리미디쩌리 음료수 캔 철판이 국산화됐다.

"그런 일을 시작할 때, 자신감이 있었습니까?"

"해보지 않은 일이라 자신은 못하지요. 하지만, 일본 사람이 했는데, 우리가 못할 것이 없다는 생각, 그리고 일본 기술자보다 우리

학생들이 우수하다는 자신감이 붙잡아주었습니다. 또한 이런 일은 꼭 해내야 하는데, 우리가 아니면 할 사람이 없다는 각오도 있었습니다."

지금도 이광형은 음료수를 마실 때면 총알택시와 학생들의 얼굴(지금은 대학 교수가 되어 있는)이 생각난다고 한다. 그 당시의 땀으로 우리는 지금 국산 음료수 캔을 사용하고 있다. 음료수를 다 마신 다음에는 항상 손으로 찌그려뜨려본다고 한다.

광양제철소의 얇은 철판 만드는 기술은 노하우라 특허로 할 필요가 없다. 다른 사람에게 말로 설명해줘도 못한다. 글로 써줄 필요도 없다. 이런 노하우를 보호하는 것은 특허를 내지 않고 영업 비밀로 보호한다.

특허를 출원한다는 것은 글로 써서 공개한다는 뜻이다. 이와는 반대로 특허를 내지 않고 비밀로 해서 보호 받는 법도 있다. 갈수록 영업비밀로 하는 경향이 많아진다. 코카콜라 성분을 특허내지 않고 영업비밀로 유지하는 것과 같은 이치이다.

융합교육은
'이공계의 유격훈련'

카이스트에서 어떤 학과를 만드는 일은 매우 큰 도전이다. 다른 대학과는 달리 카이스트는 모든 학부생이 학과 구분 없이 입학해서 1년 동안 자유롭게 배우다가 2학년으로 올라가면서 학과를 스스로 정한다. 학과별로 정원이 따로 있지 않기 때문에 지원 학생이 없으면 학과는 없어질 수 있다. 이것이 학과로 하여금 끊임없이 변신하게 만드는 중요한 요인이 된다. 교수로서는 학생들이 선택을 받기 위해 노력할 수밖에 없다. 경쟁력이 없으면 학과는 없어질 것이다.

처음 바이오및뇌공학과가 설립됐을 때, 강의실도 건물도 따로 없는 상태였다. 이광형, 이수영, 조영호 세 명의 교수진으로 출발한 바이오및뇌공학과에 초창기에는 매우 많은 학생들이 신청했지만, 남윤기 교수가 들어왔을 때 상황은 급히 나빠졌다.

바이오및뇌공학과의 경우는 1학년 학부생을 잘 설득해서 2학년 학과 신입생으로 데려다 놓아 가르치면 매우 다양한 진로로 뻗어나간다.

10번째 교수로 들어와 학부 학생을 15년 동안 가르친 남윤기 교수는 "카이스트에서 새로운 학과를 만든 것은 엄청난 도박"이라고 말한다. 학부를 만들었는데 1학년에서 2학년으로 진학하는 학생들이 지원하지 않으면 학과는 존립하기 어렵다. 실패할 위험이 있는데 왜 학과를 만드는 어려운 도전을 선택하느냐는 이야기가 나온다. 학과 설립 당시 주변에서는 오히려 대학원을 만들라는 이야기가 많았다고 한다.

다행히 첫 신입생을 뽑을 때 대박이 났다. 학과를 설명하는 대형 강의실이 꽉 들어찼다. 어떻게 추려내느냐를 고민해야 했다. 매년 30~40명이 지원하는 인기학과였던 바이오및뇌공학과는 그러나 남 교수가 부임했을 때 바로 바닥으로 떨어졌다. "학부생 수업에 들어가보니, 학생이 여덟 명이었다"고 한다. 교수가 열 명인데 학부 신입생은 여덟 명 남짓밖에 안 되다 보니, 해결책을 마련해야 했다.

대학원은 학생들이 가득했고, 석박사 학생이 열 명 되는 큰 실험실도 여럿이었다. 그러나 정작 학부생들은 무엇을 배우는지 정체성의 혼란을 겪고 있었다. 비상이 걸렸다. 당시 서남표 총장은 카이스트 전체의 역량을 키우기 위해 2007년 외부 자문단을 꾸려 학과

평가를 받도록 했다. 그때까지 학과의 명칭은 '바이오시스템학과' 였다.

바이오메디컬 엔지니어링 분야에서 저명한 학자인 워싱턴 대학교 김용민 교수, 일리노이 대학교 브루스 휠러 교수 등을 초빙해서 진단을 받았다. 자문단은 "'바이오시스템학'이라는 명칭의 경쟁력이 떨어지니 이름을 바꾸라"고 조언했다.

여러 논의를 거쳐 만든 이름이 '바이오및뇌공학과'이다. 학과 이름을 바꾸면서, 홍보를 많이 하지 않아도 효과가 높게 나타났다. 교수들이 어떤 의도를 가진 것은 아니지만, 학과 이름에 '뇌'라는 명칭이 들어간 것이 좋은 영향을 낸 것 같다고 남윤기는 평가한다.

'뇌공학'이라는 부분은 매우 특이하다. 영어로 'Brain Engineering'인데, 얼핏 뇌를 어떻게 공학적으로 엔지니어링을 하느냐는 의문이 생길 수 있다. 학과의 초기 교수 세 명의 배경을 살펴보면 조금은 이해가 된다. 이수영 교수는 전자공학 전공이지만, 인공지능 중 신경회로망을 연구한 학자였고, 이광형 교수 역시 인공지능의 한 분야인 퍼지이론을 전문으로 했다. 조영호 교수는 기계공학에서 출발했지만 근육의 움직임을 묘사하는 디지털 칩을 연구했다. 세 명의 학과 설립 교수들은 모두 인공지능과 뇌라는 키워드를 가지고 있었다.

학과 이름에 '뇌'를 넣어서 큰 효과를 직접적으로 체험한 남윤기는 이 부분이 궁금해서 이광형에게 물어본 적이 있다. 학과를 설립할 때 '뇌'라는 이름을 넣는 계획이 처음부터 있었는지 하는 것이다. 남윤기는 이광형이 이렇게 말했다고 기억한다.

"뇌에 관심을 갖고 공부해봤지만, 아직은 뇌가 더 먼 미래를 지향하는 것이라고 생각했는데, 당시 상황에 의해 그 카드를 빨리 쓴 것이다."

학부생들은 자신이 공부하는 분야의 정체성과 방향에 대해 아직 확실한 인지를 갖추지 못한 상황이었다. 배우는 체계를 다듬어야 했다. 바이오및뇌공학과에서 추구하는 융합교육은 기본적으로 수학이 강해야 한다. 응용 분야는 바이오 쪽이므로 생물학의 기초가 튼튼해야 한다. 동시에 생물학을 응용하려면 전자 및 전산에 능통해야 하며, 첨단 재료를 활용해야 하므로 기계 재료 쪽의 전문지식도 역시 필요하다. 인체를 다루려면 다양한 신호를 측정해야 하므로 정밀한 계측 방법을 고안하고 측정 장비를 만들어야 한다. 생명현상을 제대로 이해하려면 필수적으로 중요한 것이 측정이다. 새로운 분야를 측정하려면 많은 경우에 계측기를 새로 만들거나 계측 방식을 스스로 고안해야 한다. 컴퓨터 프로그램을 직접 구성하는 능력도 갖춰야 한다.

학문 경계 허무는 융합교육의 힘

이렇게 큰 카테고리를 나눠 과목을 배치하다 보면 다음과 같은 핵심 영역이 나온다. 분자세포, 인체생리, 열역학, 선형대수 등 기초적인 내용에다 컴퓨터 프로그램을 짜서 시스템 분석을 해야 하므로 C++도 배운다. 학생들은 2학년에서 프로그래밍 언어로는 아직도 C++를 배운다. 어려운 C++언어 대신 쉽고 새로운 파이선Python으로 바꾸자는 의견이 나왔다. *그러나 이광형 교수*는 교과 과정 개편 회의 때 단호하게 반대했다.

파이선을 배우는 것이 쉬울지 모르지만, 아직 대부분의 산업현장에서는 기계를 만들 때 C++밖에 안 쓴다. 쉬운 언어를 먼저 배우면, 나중에 어려운 언어를 이해하기 어렵기 때문이다. 파이선이나 자바 같은 언어는 소프트웨어를 작성하는 데 유용한 언어이다. 그러나 하드웨어를 움직이려면 C++를 알아야 한다. 그래서 전산과에서는 파이선이나 자바를 배운다 해도, 하드웨어를 다루는 바이오 및뇌공학과에서는 C++를 알아야 한다.

저렇게 짜놓은 틀을 가지고 교육하면 수학도 생물도 수준에 올라가고, 컴퓨터 프로그램도 짜고, 계측 시스템을 꾸며서 할 수 있는 능력이 싯줘진다.

대학원에 가서 기초연구를 하든 응용연구를 하든, 워낙 다양하게 융합된 학문을 배운 탓에 연구 경쟁력이 뛰어나다. 남 교수는 "학생들 입에서 가장 많이 나오는 이야기는 '이제 내가 못할 것이 없는 것 같다'는 말이다"라고 설명했다. "군대에서 유격훈련 받고 나면 '사회 나가면 뭐든지 할 수 있을 것 같다'는 자신감이 생기는 것과 유사하다"는 것이다.

수학, 생물학, 전자공학에 기계 재료 및 프로그램에 계측측정 등을 골고루 배우다 보니 바이오및뇌공학과 학생들의 진로는 매우 다양하다.

졸업생들은 카이스트 및 서울대 교수를 비롯해서 여러 대학 교수로 진출했고, 대기업과 연구소 등으로 골고루 뻗어나갔다. 바이오및뇌공학과 학부 1회 졸업생인 정인경은 카이스트 대학원에서 박사학위를 받은 뒤, 미국에서 박사 후 과정을 마치고 돌아와서는 지금 카이스트 생명과학과 교수로 돌아왔다.

2010년대 의학전문대학원으로 진학하여 의사로 진출한 졸업생도 적지 않다. 남윤기는 바이오및뇌공학과의 융합교육을 받은 인재들이 의대로 진학한 것에도 "나름 기대하는 것이 있다"고 말한다. 인체에서 나오는 다양한 신호를 측정기를 사용해서 계측할 줄 아는 의사, 코딩할 줄 아는 의사, 심전도 기계를 보면 그 안에 무엇이 있는지 짐작하는 의사, 다시 말해서 기술을 잘 아는 의사는 전문성을 발휘하기에 유리하다. 남윤기는 "첨단 기술을 직접 배운 의학-공학 융합형 의사들로 성장하여 우리나라 의학기술 발전에 이바지할 것"으로 기대한다. 남윤기의 첫 번째 학생은 LG전자 연구소의 바이오멤스 팀으로 취업했다.

전자 및 전산 관련 기업이나 연구소에서 신입사원을 뽑으면서 면접할 때 면접관들은 신입사원들이 기존 연구원이 하는 전자공학이나 전산 관련 말을 알아듣는지를 본다. 여기에 더해서 자신들에게는 생소한 생물학이나 바이오 관련 분야를 확대할 수 있는지를 본다.

학과를 처음 만들었을 때 "삼성이나 LG도 결국은 바이오를 하게 될 것"이라는 예측은 매우 정확하게 현실로 나타났다. 신경세포칩을 연구한 남윤기 연구실 졸업생들이 삼성이나 LG의 연구소나 바이오융합 헬스케어 사업부로 진출하고 있다.

사실 대학이 '학과'라는 벽을 두껍게 쌓고 자기만의 고립된 영역을 공부하는 것에 대한 폐단은 해결해야 할 장애물로 꼽힌 지 오래이다. 아마도 학문의 태생 처음부터 수학, 물리학, 생물학, 지구과학 등이 담을 쌓고 연구하지는 않았을 것이다. 지금도 중고등학교에서는 수학, 물리, 생물, 지구과학 등을 골고루 배운다. 갑자기 대학이라는 이름의 기관에서 이를 갈라놓고 한 분야만 깊이 배우는 것은 학문을 반쪽짜리로 도태시킬 위험도 상존한다.

문제는 대학생이 되어서도 이 여러 과학 과목을 깊게 골고루 배운 만한 역량이 있는지, 호기심을 잃지 않고 고된 해당 분야에서 계속 정진하면서 에너지를 사용할 것인지에 모아진다. 남윤기는 "15년을 가르쳐본 바에 따르면, 이를 좋아하는 학생들이 꽤 있다. 융합 커리큘럼을 따르려는 '덕후'가 항상 있다"고 짚는다.

18년 만에 10배 성장

그래서 학과 설명회를 할 때 이러한 비유가 곧잘 쓰이곤 한다.

"같은 나이 또래 한국 대학생이 들어왔는데 미국에서 살았다고 하면 영어도 잘하는 이중언어Bilingual가 된다. 그런데 만약 아버지는 한국인이고 어머니는 프랑스인인데 미국에서 자라다가 한국으로 왔다면 3개 국어를 골고루 잘하는 삼중언어Trilingual가 되지 않느냐. 우리 학과 교육은 이중언어, 삼중언어에 능통한 학생을 기르는 교육이다. 수학, 생물, 컴퓨터, 전자 등을 나누는 벽을 허무는 교육을 하는 것이다."

바이오및뇌공학과의 '비전 및 교육목표'는 다음과 같다.

'융합교육과 융합연구를 통한 창의적 인재양성'

"우리는 바이오의료기술에 바탕을 둔 전자나노기술의 융합 분야에서 새로운 지식과 기술을 창출할 수 있는 창의적인 인력을 양성한다."

기술 분야로 보면 BT+IT+NT의 융합이다. IT는 기반기술이다. BT는 적용할 대상이며, 활용 및 응용 분야이다. NT는 2000년대에 급속히 부상한 새로운 첨단 재료기술이다.

융합교육 학생들은 2학년 때 굉장히 힘들어한다. 3학년 때 전공 필수과목 실험을 치른다. 몇 주 동안의 하드 트레이닝 중 하나가 연구에 사용할 컴퓨터 프로그램을 직접 짜는 훈련이다. 예를 들어

심전도 측정 회로를 직접 만들게 한다. 소위 말하는 문제해결 방식의 교육이다.

자신의 학과에 대한 자신감으로 가득한 남윤기는 "바이오및뇌공학과는 대성공이다"라고 간단하게 정리한다. 움직일 수 없는 지표는 교수 숫자의 늘어난 속도. 세 명의 교수로 시작해서 2020년 현재 교수진은 26명으로 늘어났다. 대한민국에서 가장 빨리 교수 숫자가 늘어난 학과일 것이다. 18년 만에 약 10배 성장이라고 할 수 있다. 남 교수는 "이광형 교수가 그 길을 닦았다"고 평가했다.

학과 설명회를 할 때만 해도 건물도 없었다. 지금은 정문술빌딩 하나로 부족해서 그 옆에 양분순빌딩도 지었다. 공간이 부족해서 학과를 늘릴 수 없다는 말은 할 수 없다. 물리적 공간이 없었으면 학교에서 의지가 있어서 특혜를 주지 않는 한 이처럼 마음껏 뻗어나가기 어려웠을 것이다.

정문술빌딩이 주는 거룩한 부담은 바이오및뇌공학과를 떠받치는 주춧돌이다.

"우리는 어떤 분의 거룩한 뜻에 의해서 만들어진 학과이다. 어떤 사람이 인생의 모든 것을 내려놓으면서 인생을 걸고 만들었다."

어떤 분의 그 마음은 시간이 지나 철이 날수록 선명하다. 설립자의 뜻을 새겨, 바이오및뇌공학과는 사회에 공헌하는 학과가 될 것이다.

정문술빌딩 건설하는 삽을 뜰 때도 전화기를 꺼놓고 안 왔다는 전설 같은 이야기, 카이스트 이사장을 하면서 카이스트 본부 건물에 회의를 하러 올 때도 멀리서만 보고 들어오지 않았다는 이야기는 입을 통해 마음으로 전달되면서 깊은 뿌리를 내리게 되었다.

처음으로 정 회장 부부가 정문술빌딩을 방문했던 당시를 남윤기는 잘 기억하고 있다. 부부는 1층부터 11층까지 천천히 둘러보았다. 정문술은 남 교수 실험실에 있는 현미경 계측기를 보고는 "이것은 내 전공 분야인데" 하더니 기계를 직접 조작해보기도 했다. 어느 학부 강의실에 갔을 때 한 학생이 정문술의 부인인 양분순에게 "남편이 그렇게 많은 돈을 낸 것을 알았는지, 아내와 상의는 했는지 궁금하다"고 물었다. 양분순은, 남편인 정 회장이 본인과 상의한 적이 없다고 했다.

첫 입학생 정인경 교수

카이스트 생명과학과의 정인경 교수는 2018년 9월 서경배과학재단이 선정하는 신진 과학자 다섯 명 중 한 명으로 뽑혔다. 국내외에서 임용된 지 5년 이하인 젊은 과학자들을 격려하기 위해 제정된 상이다. 한 해에 5억 원씩 5년간 연구비를 지원받는다.

1983년에 태어난 정인경은 카이스트 바이오및뇌공학과에서 학사 및 석박사를 거친 순수한 카이스트 과학자이다. 2001년에 카이스트 학부 과정에 입학한 정인경은 1학년 2학기부터 열심히 학과 설명회에 참석했다.

2001년에 설립돼 2002년 처음으로 신입생을 맞는 신설학과였지만, 바이오및뇌공학과(줄임말로 통상 '바뇌과'라고도 부른다)는 배포있게 학생들에게 엄포를 놓았다.

"우리는 도전적인 정신을 가진 사람을 받으니 그렇지 않은 사람은 오지 말라. BT, IT, NT를 융합하는 새로운 길이므로 미래가 보장된 것도 아니다."

그럼에도 불구하고 도전하기 좋아하는 학생들로 인해 첫 학기에 무려 80명이 넘게 지원했다. '완전 대박'이었다. 그러나 커리큘럼이 잘 마련되지도 않았고, 융합한다면서 잡다하게 배우는 것 같아 학생들은 헷갈려 하기도 했다. 한 학기가 지나니까 인원이 반으로 줄었다.(카이스트에서는 마음대로 전과할 수 있다.) 최종 학부 졸업생은 약 30명이었다.

"힘들었지만, 지금까지 경험해보지 못한 것을 경험한 것에 매력을 느꼈다"고 정인경은 말했다. 잘 짜인 커리큘럼을 단계적으로 밟아가기보다는 스스로 문제를 해결해야 했다. 지금 많은 대학에서 이야기하는 참여형 교육, 프로젝트 베이스 교육, 문제해결 중심 교육을 할 수밖에 없는 상황이었다.

정인경은 "한 가지 확실하게 이야기할 수 있는 것은, '저런 수업을 받으면 학문 사이의 경계에 대한 두려움이 사라진다'는 점"이라고 강조했다. 수학, 물리, 화학, 생물, 기계, 전자, 컴퓨터 등을 모두 배우다 보니 전문성이 떨어지는 것 같기도 하겠지만, 시간이 지나면서 장점으로 변하는 것을 확실히 느낀다. 융합이 자연스럽게 체화되는 느낌, 10년 뒤 서로 다른 분야 과학자들은 소통이 안 되는데 어느 분야와 대화를 나눠도 잘 통하는 느낌, 융합교육의 힘은 시간이 지날수록 빛을 발한다.

정인경에게 가장 재미있는 과목은 생물학적 시스템을 수학적으로 모델링하는 '수학 모사 시뮬레이션'이었다. 그 과목에 흥미를 느껴 대학원으로 진학했다. 가장 힘든 과목은 계측실험이다. 그 수업 때문에 일주일에 이틀 밤을 새워야 했다. 금요일 오후에 시작한 수업이 제때 마친 적이 없다. 생물학적 신호를 측정하는 실험을 하려면, 계측장치를 직접 만들어야 했다.

정인경은 근육을 움직일 때 나오는 신호를 측정했다. 교과서에 딱히 나오지도 않았고 직접 해보지 않으면 알 수 없는 일이었다. 더구나 첫 번째 입학생 아닌가. 값싼 부품을 손수 사다가 센서를 만들고, 소프트웨어 프로그램을 짜서 컴퓨터를 돌려야 했다. 이렇게 뒤죽박죽으로 공부하다 보니 졸업생들은 '회사에서 그렇게 융합할 줄 아는 유일한 연구원'이란 평가를 받게 되었다.

정인경은 석박사도 결국 큰 고민 없이 카이스트를 선택했다. 국내는 물론이고 해외에서도 이렇게 융합교육을 하는 곳은 찾기가 어려웠다. 박사 후 과정으로 미국 샌디에이고에 있는 루드윅 암연구소에서 4년을 보낸 뒤 정인경은 2016년 카이스트 교수로 돌아왔다. 그것도 생명과학과로. 인간 유전체인 게놈의 3차 구조를 밝히는 기초 중의 기초 연구가 그의 관심 분야이다. 생물학적 생명에서 일어나는 현상을 파악하는 데 중요하다.

그는 연구실을 카페처럼 꾸몄다. 한쪽 벽은 붉은 벽돌로 장식했다. 회의용 테이블은 자연스런 나무로 된 것이고, 회의용 의자 역시 높은 스툴 형식이다. 벽에는 어린 자녀와 아내 사진을 여러 장 붙여놓았다. 그가 오스트리아 비엔나로 학회 발표하러 갔을 때 묵었던 민박집에 한국종합예술학교 무용과 학생들이 연수 중이었다. 그중 한 여학생이 노트북 컴퓨터가 고장 나 어려움을 겪고 있었다. 정인경이 그 여학생의 노트북을 수리해준 인연이 이어져 인생의 반려자로 맺어졌다. 아직 젊은 정인경은 "교수가 되다 보니 나도 모르게 학생들을 제한하려 드는 자신에게 경고하기 위해 카페같이 꾸몄다"고 말했다. 자유롭게 스스로 공부하던 바뇌과 시절을 생각하면서.

격려받고 실패를 극복한 이도헌 교수

카이스트 교수들은 1985년 과학캠프를 열고 당시 4개 과학고 학생을 포함해 전국에서 90여 명의 고등학생을 초청했다. 카이스트의 명성이 높다고는 해도 학사 과정은 처음 모집하는 것이고 게다가 캠퍼스가 대전에 자리 잡았기 때문에 교수들은 최선을 다해 입학생 유치활동을 벌였다. 과학고 학생들을 유치하기 위해 과학고 2학년을 마쳐도 들어올 수 있게 한 것이 중요했다. 고3을 거치지 않고 입학하는 제도는 학생들의 마음을 크게 움직였다.

젊은 교수들은 학사 과정 신입생들의 생활지도 교수를 맡았다. 이도헌 학생의 지도교수는 이광형이었다. "야단맞은 기억밖에 없었다"고 할 만큼 젊은 이광형 교수는 신입생들이 공부에 전념할 것을 강하게 주문했다. 숙제를 안 하거나 면담시간이나 모임에 늦으면 엄하게 꾸중했다.

과학고를 졸업하고 1986년 카이스트 학사 과정에 들어온 이도헌은 전자전산학부 학사 과정 1회 입학생이다. 이도헌의 박사학위 논문은 데이터마이닝data mining이다. 점점 많아지는 데이터에서 보물을 캐내는 공학이다. 데이터에 숨어 있는 패턴을 찾아서 유용하게 이용한다. 금융, 우주항공, 바이오, 의료 분야에서 매우 중요하게 사용된다.

카이스트에서 박사학위를 마치고 전남대 전산과 교수로 일할 때부터 이도헌은 전남대 의대 교수들과 IT와 BT를 융합하는 활동에 다양하게 협력하고 있었다. 모교인 카이스트에서 IT와 BT를 융합하는 학과를 창설한다는 소식에 가슴이 뛴 이도헌은 한걸음에 달려왔다. BT+IT 융합학과를 만든 것도 그렇고, 무모한 도전에 나선 것도 그렇고, 실패한 도전을 격려해준 선배 교수들의 정신도 그렇고, 이도헌은 "이 모든 것이 카이스트였기 때문에 가능하다고 생각한다"고 말했다.

이도헌은 한때 거북이 로봇을 만들겠다고 한 적이 있다. 거북이의 뇌를 조작하여, 거북이를 마음대로 조종해서 동해안에 풀어놓으면 가령 북한 잠수함도 감시할 수 있다. 대형 테마공원을 만들어 아이들과 소통하는 거북이 로봇을 만들고 싶었다. 그런데 실제로 해보니까 너무나 어려웠다. 거북이 뇌에 대해서 알려진 것이 거의 없었다. 거북이를 잡아서 실험하는 것이 거북이를 고문하는 것 같다는 죄의식도 생겼다.

그래서 이도헌은 살아 있는 거북이를 조종하는 대신, 전자기계식 로봇으로 시선을 돌렸다. 자체 개발한 거북이 로봇을 들고 미국 샌디에이고에서 열린 수중 로봇 대회에 출전했을 때, 현지 신문에서도 취재할 만큼 외양이 독특했다. 거북이 로봇은 실험용 수조에서는 잘 작동했다. 그런데 실제 자연환경에서는 다르게 움직였다. 연구를 계속하고 싶어도 논문을 발표하기가 쉽지 않았다. 수중로봇을 작동시키기 위해서 방수기술을 포함한 수많은 기술적 노하우가 적용되었지만 그런 류의 노하우를 학술논문으로 발표하기에는 한계가 있었다.

무려 5년을 붙잡고 있다가 포기해야 했다. 너무 힘들고 괴로웠던 이도헌은 선배 및 동료 교수들을 만나 상의했다. 전자과, 생물과, 전산과, 화공과 등 다양한 분야의 교수들이 격려하고 힘을 주고 용기를 주는 말을 아끼지 않았다.

거북이 로봇을 만들려는 도전은 바이오및뇌공학과 교수 워크숍에서 시작했다. 정문술의 말처럼 '아무도 하지 않은 새로운 분야를 개척한다'는 생각으로 여러 가지를 논의했다. 그중 한 아이디어가 '살아 있는 거북이의 뇌를 조종'하는 구상이었다. 새로운 분야를 개척해야 하지 않겠느냐, 카이스트는 도전을 해야 한다는 논의가 나오면서 그중 한 아이디어가 물고기 로봇 개발 구상이었다. 이도헌은 그 말을 듣고 생각만 한 것이 아니라, 실제로 시도를 했던 것이다. 비록 고통스러웠지만 소중했던 그 당시의 경험을 바탕으로 지금은 사람의 뇌와 몸속에서 일어나는 생화학 현상을 컴퓨터 프로그램으로 재현하는 이른바 소프트웨어 로봇을 개발하고 있다.

KAIST

5 교육가

지식재산대학원 설립과
특허 보호 혁명

이광형은 지식재산대학원 프로그램MIP, Master of Intellectual Property을 설립한 것에 큰 자부심이 있다. 창의력에 관심이 높은 이광형은 2008년 무렵부터 국가 미래가 지식재산에 달려 있다는 생각을 하게 되었다. 임춘택 교수, 백만기 김앤장 대표 변리사 등 전문가들과 함께 지식재산과 우리나라의 미래에 대해 논의했다. 미래에 지식 재산이 국가의 핵심 자산이 되려면, 이 분야의 인재를 양성해야 한 다고 입을 모았다.

2008년부터 임춘택 교수와 함께 특허청을 드나들면서 지식재산 관련 교육 과정의 필요성을 강조했다. 처음에 특허청은 무슨 지식재 산 교육을 말하느냐는 듯, 엉뚱한 사람 보듯 했다. 그러더니 2009년 에는 지식재산 전문학위 과정을 신설하기 위해 대학들을 상대로 공개 신청을 받았다. "열 번 찍어서 안 넘어가는 나무가 없다"는 말 그대로다.

지식재산 강국을 향하여

2009년 9월 특허청 지식재산 전문학위 과정 지원사업에 카이스트가 선정됐지만, 이미 카이스트 대학원 입시가 모두 끝나는 시기였다. 1년을 더 기다려야 하고, 그러다 보면 물거품이 될지 모른다는 생각이 들었다. 총장보고회, 학사연구심의회, 전체학과장회의, 입시요강확정, 입시 홍보절차를 숨가쁘게 진행했는데 모든 단계마다 아슬아슬한 순간의 연속이었다. 한 달 만인 2009년 10월에 입시 홍보를 시작하고, 11월에 입학생을 선발하고, 2010년 2월에 정식으로 MIP가 입학식을 할 수 있었다.

입시 홍보를 시작했지만, 모집 기간이 너무 짧았다. 과연 학생들이 얼마나 지원할까? 혹시라도 미달되면 큰일이 아닐 수 없다.

이광형은 "입시 접수 기간 동안 매일 기도하며 접수 상황을 체크했다"고 한다. 그리고 기적이 일어났다. 3주의 짧은 홍보 기간이었는데, 약 2 대 1의 경쟁률을 보였다.

입학식을 한 이듬해인 2011년 4월에 삼성-애플의 특허전쟁이 벌어지면서 한국의 모든 매스컴은 지식재산의 중요성에 크게 눈을 뜨게 된다. 삼성 핸드폰의 둥그런 디자인마저 특허를 침해했다고 주장하는 애플의 집요한 공격은 지식재산의 미묘한 면을 부각시켰다. 사람들은 "어떻게 알고 미리 이런 대학원을 만들었냐"고 물었다. MIP는 매우 적절한 시간에 탄생한 것이다.

1996년 OECD에 가입한 이후 우리나라 기업들은 과거의 '빠른 추격자fast follower'에서 '선도자first mover'로 글로벌 시장에서 전략적 패러다임을 전환해야 할 과제를 안고 있었다. 뛰어난 기술과 제품의 우수한 품질을 기반으로 선진 기업들과 당당히 경쟁해야 하는 선진국형 경제로 전환돼야 했다. 선진국형 경제의 특징인 창조적 기업 활동에 대해서는 지식재산을 충분히 보호해야 한다. 대학과 연구기관이 가진 지식재산을 손쉽게 사업으로 바꿔야 하고, 특히 창업자들이 실패를 두려워하지 않고 도전하는 기업 생태계 조성이 가장 기초적인 국가경제 기반이다. 이 부분은 아직도 미약한 상태이다.

무엇보다 기업들이 만들어낸 창의적인 아이디어와 콘텐츠를 제대로 된 지식재산으로 만들어, 세계 시장에서 사업화할 역량을 가진 인재풀이 턱없이 부족했다. 2000년대 중반에도 우리나라의 지식재산 교육은 법과대학에 몇몇 선택과목이 개설되는 정도에 그쳤다. 그나마 법학 과목 위주의 커리큘럼을 제공하는 일부 법무대학원이 운영되는 정도였다.

카이스트가 잘할 수 있는 분야

지식재산은 법과 제도를 근거로 이뤄지지만, 인간의 지적 활동의 소산에 대한 권리라는 점에서 보면 과학기술, 예술, 경제, 경영 분야의 융합을 요구하는 특수한 전문 분야이다. 이 같은 고도의 융합 영역은 카이스트가 가장 잘할 수 있는 분야이다. 대한민국 현대사에서 카이스트는 국가경제 발전에 다양한 모습으로 기여했다. 과학기술 영재들을 교육하여 대기업과 중소기업의 핵심 인적 자원으로 공급해왔다. 국가 연구개발과 산학협력으로 우수한 기술을 공동 개발하거나 기술 이전을 통해 기업 생태계를 지원했다.

그러나 이러한 우수 인적 자원과 기술이 경제적 가치로 승화되고 글로벌 시장에서 가치를 인정받기 위해서는 지식재산을 전문적으로 다룰 인재들이 필요했다. 이 일도 결국 과학기술 연구와 교육에 전문성을 가진 카이스트가 중심이 되어야 잘해낼 수 있다고 결론을 내렸다.

2010년 시작한 MIP는 큰 호응을 얻었다. 카이스트 교수들과 삼성, LG 등 대기업의 지식재산 담당 임원, 김앤장과 태평양 등 주요 로펌의 지식재산 전문 변호사, 변리사들이 강의, 논문지도, 학술행사에 적극 참여했다. 처음에는 한 해에 25명만 뽑으려고 했지만, 원서를 받아 보니 우수한 지원자들이 너무 많아 정원을 두 배로 늘렸다. 그러나 지식재산 전문교육은 카이스트도 처음 하는 일이다 보니 부족한 점이 많았다. 학생들과 교수진의 의견을 지속적으로 경청하면서 보완해나갔다.

프로그램 시작 시점에 책임교수를 맡았던 김철호 교수와 2010년 가을부터 합류한 박성필 교수과 함께 틈나는 대로 학생회 임원들과 만나 애로사항을 들었다. 강의하는 내부, 외부 교수들에게 현황을 알리며 조언을 구했다. 시간적으로, 체력적으로 힘든 일들이었지만, MIP는 조금씩 성장하면서 지식재산 전문교육의 요람으로 모습을 갖춰나갔다.

매시간 퀴즈로 자자한 원성

처음 MIP 교육 과정을 설계하고 지속적으로 보완하면서 교수들과 함께 많은 고민과 토론을 했다. 카이스트 전문성을 살려 대전 본원에서 다섯 개 과학기술 분야(IT, BT, ET, NT, Convergence)를 워크숍 방식의 필수과목으로 수강하도록 했다. 분야별로 카이스트가 자랑하는 세계적인 교수들이 열정적으로 강의에 참여했다. 이것이 MIP 교육 과정의 핵심 역량이 되었다.

서울 도곡 캠퍼스에서 주로 이루어진 지식재산 분야별 교육은 이미 상당한 전문지식을 가진 학생들을 고려하여 국내보다는 글로벌 기준의 지식재산 교육으로 설계했다. 선택과목은 지식재산의 융합적 성격을 최대한 반영하려고 다양한 교과목들을 개발했다.

특별한 경험과 전문성을 가진 강사들을 초빙하기 위해 0.5학점 특강 과목들도 개발했다.

현업에 종사하며 공부하는 학생들이 대부분이므로, 지난주 공부한 것은 이번 주 수업 시작 전에 반드시 퀴즈를 보도록 했다. 학생들이 퀴즈를 힘들어했고, 이것만 없으면 대학원 생활이 편해질 것 같다는 하소연도 많았다. 하지만 편하게 공부하도록 내버려두는 것이 능사는 아니다. 불평이 있어도 10년간 변함없이 퀴즈를 시행해왔다.

그런데 많은 졸업생들이 오히려 퀴즈가 있었기에 MIP를 통해 좋은 자산을 얻었다고 회고하곤 한다. 후배들의 퀴즈를 더 강화하라는 졸업생도 있다. 일하며 공부하는 학생들이라고 해서 편의를 봐주지 않았다. 출석을 철저히 확인하고 출석률이 높은 학생들에게 개근상을 주었다. 2010년 입학했던 한우식 학생(당시 삼성중공업 과장)은 거제도에서 근무하면서 서울이든 대전이든 한 번도 수업에 빠지지 않았고, 비가 오나 눈이 오나 아침 9시 수업부터 참석했다.

특허청 지원금을 사양하다

이처럼 대학원이 자리를 잡아가는 가운데 거추장스런 일이 하나 있었다. 특허청 지원금이었다. 특허청은 2010년부터 5년간 매년 6억 원을 지원해주기로 했다. 지원금은 '설탕'과 같아 처음에는 요긴했지만, 대학원이 자립하는 데는 악영향이 있었다. 일시적으로 달콤한 돈에 의지하는 습관이 들면 미래가 없다.

이광형은 결단을 내렸다. 3년째부터 특허청 지원을 사양하기로 한 것이다. 특허청에서 당황했다. 이미 예산으로 정해진 돈을 받는 쪽에서 안 받겠다는 건 처음이었다. 특허청 입장에서는, 정해진 예산을 집행하지 않으면 문제가 생길 수도 있었다. 3년만 지원금을 받고 그 후부터는 지원금을 다른 기관에 주는 자립 모드로 전환 운영했다. 지금도 이광형은 그 결정이 천만다행이었다고 말한다. 카이스트와 함께 특허청 지원으로 출발한 다른 대학은 지원금이 떨어지자 어렵게 되었다고 한다.

노스웨스턴 로스쿨 공동학위 과정

이광형은 카이스트의 MIP 교육이 국내용으로 그쳐서는 안 된다는 생각이 초창기부터 확고했다. 국내 전문가만 키우지 말고, 세계 시장에서 우리 기업의 지식재산 가치를 지켜줄 전문가들을 키우는 것이 당면과제였다. 그러다 보니 MIP 교과 과정에 글로벌 전문성을 획기적으로 보강해줄 파트너 기관이 필요했다. 마침 삼성전자의 김광준 전무의 제안으로 만난 김철호 교수를 통해 2011년 미국의 일류 법학전문대학원인 '노스웨스턴 로스쿨NLaw'과의 복수학위 과정을 시작했다.

국제화 프로그램에 대한 관심과 열정이 남달리 많았던 당시 NLaw의 반잔트 학장을 초청해서, 양해각서에 서명했다. 이로써 'MIP-LLM 복수학위' 과정이 탄생했다. LLM(법학석사) 과정의 상당 수 과목을 NLaw의 유명 교수들이 방한하여 카이스트에서 교육하 도록 설계한 것은 획기적인 시도였다. 학생들은 여름방학을 이용 해 시카고 현지에서도 수업을 듣게 했다. 이렇게 2년 교육을 마친 학생들에게 카이스트는 MIP 학위를, NLaw는 LLM학위를 주기로 했다. 복수학위 과정을 마친 학생들은 미국의 캘리포니아주와 워 싱턴DC 등지에서 변호사 시험을 칠 자격을 얻을 수 있도록 과정을 설계했다. 이 통해 여러 학생들이 변호사 시험에 합격했다.

특허 허브 국가 추진 활동

2015년 10월경, 이광형은 강영호 특허법원장, 한정화 중소기업청 장과 점심식사를 했다. 중소기업들이 지식재산에 대한 인식이 부 족하여 피해를 보는 일이 너무 많아서 안타깝다는 말이 나왔다. 중 소기업인을 교육시킬 필요가 있다는 데 모두 의견이 일치됐다. 이 광형은 이 아이디어를 그냥 허공에 흘리지 않았다. 중소기업청, 특 허법원, 특허청, 카이스트가 공동 운영하는 6개월 과정의 '지식재 산전략 최고위 과정AIP'을 개설한 것이다. 중소기업청은 예산을 지 원하고, 특허법원과 특허청은 강사진과 재판 실무교육을 제공했다.

카이스트는 교육 프로그램 운영을 담당하기로 했다. 2016년에 첫 수강생을 뽑은 이 과정은 지금까지 약 500여 명이 넘는 중소기업인을 교육해 배출했다. 카이스트 학부 학생들이 지식재산 부전공을 이수하고 변호사나 변리사로 진출하기도 했다.

이광형은 2013년부터 3년간 국회에서 국회의원을 대상으로 미래전략과 과학기술 최고위 과정을 개설했다. 국회의원들에게 미래학과 과학기술을 가르쳐야 한다는 생각에서 출발했다. 당시 국회의장이던 강창희 의장과 김세연 의원이 최고위 과정 개설에 도움을 줬다. 이광형은 강의 중에 열변을 토했다.

"나에게는 꿈이 있습니다. 전 세계의 발명가들이 한국에 특허를 출원하고, 한국에서 사업을 펼치고, 한국에서 특허를 거래하고, 한국에서 분쟁을 해결하게 하는 것입니다. 그러면 수십 만 개의 고급 일자리가 생겨납니다. 아마 여러분들은 마음속으로 황당한 소리를 한다고 생각하실지도 모르겠습니다.

지금 우리는 세계가 부러워하는 인천공항을 가지고 있습니다. 동북아시아 허브 공항으로 발전한 인천공항은 수십만 개의 일자리를 만들고 있습니다. 그런데 이러한 인천공항도 처음 구상되던 1980년대에는 황당한 소리였습니다. 이 황당한 소리도 굽히지 않고 끊임없이 노력하니까 현실이 되어 있습니다. 제가 지금 말하는 세계 특허 허브 국가도 지금은 황당한 소리이지만, 우리의 노력에 따라서 현실이 되어 있을 수도 있습니다. 인천공항은 건설하는 데

수조의 돈이 투자되었지만, 특허 허브 국가를 만드는 일은 돈이 들지 않습니다. 제도만 바꾸면 됩니다."

그다음 주 계속된 강의에서 임춘택 교수도 비슷한 취지의 내용을 강조했다. 이와 같은 황당한 비전에 마음이 움직인 의원들이 여럿 있었다. 이들이 중심이 되어 의기투합한 의원 60명이 모여서 세계 특허 허브 국가 추진위원회를 만들었다. 공동대표는 정윤갑, 원혜영 그리고 이광형 3인이 맡았다. 여야 의원들이 모두 5선 중진의원들이라 사람들이 '이광형 교수도 5선 의원급'이라 농담했다.

특허 허브 국가가 되려면, 특허 보호를 강화해야 한다. 신속하고 정확하게 재판해주어야 한다. 그래야 전 세계의 발명자들이 한국에 특허를 출원하고, 분쟁을 한국에서 해결하려 한다. 추진위원회는 여야 의원이 모두 모였기 때문에 당리당략에 영향을 받지 않았다. 이 추진위는 19대 국회에 시작하여 20대까지 이어왔고, 21대에도 계속될 것이다.

특허 분야에는 아주 오래된 숙원이 있었다. 법원의 관할 집중이다. 특허 사건을 큰 법원에 집중시켜 판사들이 경험을 쌓도록 하자는 취지이다. 종전에는 모든 법원에서 특허 사선을 다루다 보니 판사 1인이 다루는 사건 숫자가 너무 적게 되어 특화된 노하우가 쌓이지 않았다. 추진위원회의 노력으로 법원 조직이 개정되어 법원 관할 집중이 해결되었다. 그 외에 특허법도 개정되어 특허 침해 세배 배상과 침해자에게 증거 제출 책임 부과 등의 성과가 있었다.

MIP 졸업생이 이끌어낸 놀라운 변화

MIP 졸업생 중에는 건국산업이란 중소기업을 20년 가까이 운영하면서 대기업의 특허 침해에 피눈물을 흘린 박진하 대표가 있다. 박진하는 휴대용 가스레인지의 폭발방지 장치를 발명해 한동안 승승장구했다. 그러나 대규모 제조업체들이 건국산업의 기술을 무단으로 도용해서 만든 복제제품을 버젓이 내놓은 것이었다. 노골적인 특허 침해였다.

이래서는 중소기업이 발전할 수 없고, 결국 불공정한 대기업 중심의 기형적인 형태로 경제가 발전할 것이 분명했다. 박진하는 회사 이름처럼 '나라를 바로 세워야겠다'는 심정으로 잘못된 관행을 바로잡겠다고 나섰다. 지식재산 탈취의 악순환 고리를 끊기 위해 특허 침해 소송을 하면서, 우리나라 지식재산 침해 및 보호의 비참한 실태를 철저하게 체험하게 됐다. 이 문제를 해결하지 못하면 우리나라 경제의 골간이 흔들릴 수밖에 없었다.

변호사와 변리사를 찾아다니면서 소송하는 한편으로 국회의원들을 설득하기 시작했다. 무명의 한 중소기업인이 아무런 연고도 없는 의원들을 설득하기 위해 밤을 새워가며 국회의원 사무실에 팩스를 보냈다. 그렇게 보낸 팩스가 5천 개나 된다. 그러나 변리사도 변호사도 국회의원도 그리고 박진하 본인도 특허 침해에서 무엇이 가장 핵심적인 논점인지 제대로 진단하지 못했다.

바로 이때 이광형 교수가 설립한 지식재산대학원이 박진하의 눈에 띄었다. '이거다' 싶은 생각에 2011년 MIP 2기로 입학했다. 소송이 7~8년째 되던 시기였다. 무효 심판에서 권리범위확인 심판, 특허침해가처분 소송, 특허침해손해배상 소송까지, 소송의 늪에 빠져 있던 시절이었다.

박 대표는 "이 부분에 대한 지식이나 경험을 가진 사람을 찾기가 어려웠고, 그런 사람이 있어도 죄다 대형 로펌 소속이었다"고 말했다. 대형 로펌을 고용하기에는 비용이 부담스러웠다. 가처분 소송을 검사 출신 변호사가 잘하는지 판사 출신 변호사가 잘하는지도 모호했다. 손해배상 소송에 실력과 경험을 갖춘 변리사를 찾기도 어려웠다.

직접 공부하지 않고는 변리사와 변호사를 찾는 데 시간을 허비해버렸고, 설사 찾았다고 해도 만족할 만한 수준의 성과는 많지 않았다. 지식재산대학원에 들어와서 공부를 해보고 나서야 '소송 전략은 기업의 CEO만이 세울 수 있다는 것'을 깨달았다. 변리사나 변호사는 지식재산 관련 법적 지식은 있지만, 먼저 기본이 되는 전략은 기업 CEO의 몫이다.

석사 과정을 2년 동안 파고들면서 박 대표는 그동안 소송하면서 풀지 못했던 의문을 하나씩 벗겨냈다. 법에 대한 지식이 없다 보니 "법을 몰랐기 때문에 법조문에 얽매이지 않고, 법을 왜 만들었을까 기본 정신을 생각했다"고 그는 말했다. 특허법, 민사소송법을 만든 법학자의 의도를 파고들면서 중요한 단서를 찾았다. 이들 법은 '눈에 보이는 유형자산'을 염두에 두고 만든 것이었다. 그래서 '눈에 보이지 않는 무형재산'인 지식재산에 적용하기에는 현실과 맞지 않는다는 놀라운 사실을 발견한 것이다.

그중 하나가 손해액입증법이다. 유형자산에서는 피해자가 얼마나 피해를 입었는지 입증하기가 쉽다. 10원짜리 100개를 도둑맞았다면 손해액은 1천 원이다. 반면 무형자산은 피해자(권리자)가 얼마나 손해를 입었는지 입증하기가 어렵다. 특허를 침해한 기업은 소송에서 패소해도 아주 적은 금액만 물어주면 그만이다. 도둑질을 해서 얻은 돈이 소송해서 물어주는 배상액보다 훨씬 컸다. 그것도 시간이 한참 지난 뒤에 주는 후불제이다. 그때까지 나온 해결책은 그저 손해배상액을 지금까지 관성대로 판결한 금액의 세 배로 인상하자는 미봉책이었다. 왜 세 배인지, 그것이 합당한 수준인지에 대해서는 납득할 만한 근거가 없었다.

백지에서 생각하기

특허 소송을 하면 소송비용도 안 나온다는 '특허무용론'이 제기되었다. 박진하는 이렇게 말한다. "손해액을 입증하는 책임이 권리자에게 있는 사실이, 법조계 인사에게는 상식이지만, 나에게는 위대한 발견이다."

민법에는 증거자료를 입증하는 법이 있었다. 상대방이 증거를 가지고 있을 때, 판사가 문서제출 명령을 내려서 문서제출을 강제하는 법이다. 그런데 증거를 제출할 수 없는 정당한 사유가 있을 때는 그러지 아니해도 된다. 문서제출 명령을 안 지켰을 때 제재하는 방안이 없었다. 얽힌 실타래를 푸는 지난한 작업이 다시 시작됐다.

미국 연방민사소송 법규에는 판사가 문서제출을 명령했을 때 응하지 않으면 제재 수단이 있었다. 우선 문서를 제출하지 않으면 원고의 주장을 사실로 인정했다. 명령을 거부한 것에 대한 법정모독죄도 있다. 판사가 법정에서 한 말을 따르지 않으면 재판에 참석하지 못하도록 궐석재판 명령을 내리고, 그때까지 한 말은 모두 인정되지 않는다. "피고가 문서제출 명령에 응하지 않았을 때, 원고 주장을 사실로 인정한다"는 방식으로 법 개정을 해야 한다. 박진하는 지식재산대학원 공부를 하면서 이것이 가장 근본이라고 결론을 내렸다.

특허 허브 국가 추진위원회의 토론회를 거치면서 이에 대한 의견이 모아졌다. 원혜영 의원과 정갑윤 의원의 공동발의로 '특허법의 혁명'이라는 '증거제출강화'가 탄생했다.

박진하는 "피해 입증 책임이 피해자에서 침해자로 전환된 것이야말로 혁명"이라고 짚었다. 물론 이 혁명은, 이광형이 주도적으로 설립한 지식재산대학원이 있었기 때문에 가능했다. 덧붙여 박진하는 "이광형 교수의 가장 큰 장점은 거꾸로 생각한다는 것이다. 거꾸로 생각하는 것은 백지에서 생각하는 것이고, 백지에서 생각하다 보니 답을 반대쪽에서 찾는다"고 한다. 이광형의 '거꾸로 생각하기'를 박진하는 '백지에서 생각하기'로 해석한 것이다.

박진하가 카이스트 도곡 캠퍼스의 지식재산대학원에 입학원서를 낸 것은 신문을 보다가 난 공고를 보고서였다. 면접 때 면접관은 이런 질문을 했다. "사업하면서 서울까지 와서 공부하는 게 어렵지 않습니까?" 박진하는 이렇게 답변했다. "이런 것을 배울 수 있는 과정이 일본에 있다고 해도 저는 찾아갔을 것입니다."

이광형 교수의 첫 수업의 내용은 '리더십 강의'였다. 박진하는 이광형이 '주도적으로 삶을 살아야지 종bell처럼 살지 말라'고 했던 것을 기억한다. 종은 스스로 소리를 내지 못하고, 누군가가 때려줘야 수동적으로 반응할 뿐이다. 이 교수는 주도적으로 사는 방법으로 'STC'를 말했다. "Stop, Think, Choose(멈춤, 생각, 선택)"이다. 너무 평범해 보이는 말처럼 들릴지 모른다. 그러나 박진하는 속으로 '심봤다'고 생각했다. 선각자나 현자는 매우 평범해 보이는 기본적인 말을 던진다. 박진하는 "우리는 많은 문제들이 기본을 무시했기 때문에 나온다는 점을 잊고 산다"고 강조한다.

인텔과 애플의 배상을 받아낸 졸업생

2012년 지식재산대학원에 입학한 강인규는 수업 중 재미있는 아이디어를 떠올렸다. '카이스트에는 수많은 특허들이 잠자고 있다. 이 잠자는 특허를 깨워서 돈을 만들어보자. 그러면 학교에도 도움이 되고 국가를 위해서도 도움이 되는, 보람 있는 일이 될 것이다.'

이광형은 이 아이디어를 적극적으로 지지했다. 학교 본부와 협의하여 카이스트 자회사로 'K-IP'라는 회사를 차렸다. 카이스트가 보유한 특허를 활용하여 국제적으로 권리를 행사하는 일을 하기로 했다. 그러는 사이에 서남표 총장이 물러나고 카이스트 행정 집행부가 바뀌었다. 새 보직자들은 K-IP 회사를 서남표 총장 시절의 적폐로 간주하는 것 같았다. 카이스트의 특허를 관리하는 것은 모종의 특혜일지 모른다는 태도를 드러내기도 했다. 이와 관련된 사람들은 "말로 다 설명하기 어려운 모욕과 고통을 당했다"고 말할 정도이다.

그러는 가운데 'K-IP'는 카이스트가 보유한 반도체 제조 공정의 핀펫 특허를 인텔, 애플을 비롯해서 전 세계 반도체 회사들이 무단 사용하고 있다는 사실을 알아냈다. 강인규는 수업에서 배운 대로 국제 특허 소송을 시작했다. 인텔과 애플은 비교적 순수하게 특허 침해를 인정하고 수백억 원의 사용료를 지불했다.

다른 회사와는 길고 긴 특허 소송이 시작되었다. 강인규는 특허 소송으로 유명한 미국 텍사스 동부법원에 제소했다. 2016년의 일이다. 약 4년의 투쟁 끝에 미국 법원은 2020년 2월 2억 달러(약 2,400억 원)을 배상하라고 판결했지만 상대 회사의 항소로 소송은 아직도 진행 중이다.

과학 대중화를 위한
과학 저널리즘 대학원

영국은 해양국가로 일어섰다. 영국인들은 배의 여러 부분에 대하여 자세히 알고 있다고 한다. 많은 영국인들은 배의 곳곳에 붙은 명칭을 알고, 배의 기본적인 작동 원리도 이해한다. 해양국가와 그렇지 않은 나라 사이의 국민 인식에는 차이가 있다.

과학기술도 국민들의 이해와 지지가 없으면 발전하기 어렵다. 국민들이 세상을 이해하고 소통하는 일은 언론을 통해서 가능하다. 언론인들이 이해하고 전달하면, 국민들은 비로소 알게 된다. 만약 언론인이 이해하지 못하여 전달하지 않거나 그릇되게 전달하면 국민들은 제대로 알지 못하거나 왜곡된 인식을 갖게 된다. 한국의 대중은 아직 과학적 소양을 갖추는 데 갈 길이 멀고, 그 원인에 언론과 지식인들의 책임이 크다 하겠다.

국민들의 과학 인식이 곧 국력

평소 글쓰기를 좋아하고 여러 권의 저서를 낸 이광형에게 좋은 기회가 왔다. 2006년 2월 초에 한국언론재단에서 연락을 해온 것이다. 그 내용인즉슨, 기자 등 언론인들에게 과학기술을 가르치는 방안을 협의하자는 것이었다. 시범적으로 6개월 동안 디플로마 과정을 진행하는 것으로 의견이 모였다. 언론재단이 전체를 주관하되 카이스트가 교육하고 수료증 주는 교육 프로그램을 만들기로 했다.

예상 외의 돌출 행동을 자주 보이던 러플린 총장이 이 일에 어떻게 다룰지 모르겠다고 생각한 이광형은 공대 학장과 논의를 거쳐 산학협력 강좌로 이 수업을 시작했다. 총장 결정 대신 학장 전결로 할 수 있기 때문이었다. 교육생은 언론재단이 모집하고 선발했다. 첫 해에는 언론인 12명이 참여했다. 4월부터 8월까지 매주 토요일 대전 캠퍼스에서 오전 9시 30분부터 오후 6시까지 수업하고, 해외 연수도 포함되어 있었다.

교육을 시작하고 보니 비전공자에게 과학기술을 가르쳐본 적이 없기 때문에 고민이 생겼다. 대부분 대학에서 인문학을 공부한 기자들에게 어떻게 과학을 접하게 할 수 있을까? 교수 1인당 세 시간씩 맡아서 인공지능, 바이오정보, IPTV, 인공위성, 로봇, 뇌과학, 반도체, 정보통신 등의 첨단 기술을 소개했다. 그런데 의외의 호응이 돌아왔다. 강의가 끝날 즈음에는 수강생 전원이 대만족을 표했다.

이에 용기를 얻어 다음 해에도 강좌를 개설했다. 역시나 성공적이었다. 언론재단에서도 만족을 표하며 지원을 계속했다. 세 번째 해인 2008년에도 진행되었다. 그런데 강의 마지막 날에 더욱 놀라운 일이 벌어졌다. 수강생 전원이 모든 수업을 100퍼센트 참석한 것이다. 그러면서 '이 과정을 정규 석사 과정으로 만들었으면 좋겠다'는 말이 자연스럽게 나왔다.

후원 기관 찾기

2009년에는 교육은 하지 않고 정규 석사 과정을 만드는 작업에 몰두했다. 교내외 관계자들을 설득하기 위해서는 외부의 재정적인 지원이 있어야 한다. 언론재단에 석사 과정을 개설할 수 있게 지원을 요청하였다. 서남표 총장도 언론재단 이사장을 방문하여 정식으로 요청하였다. 간부들과 이사장은 호의적인 반응이었다. 그런데 시질이 정권 교체 시기였기 때문에 언론재단은 섣불리 결정을 할 수 없는 상황이었다. 마냥 기다릴 수만은 없었던 이광형은 언론재단 지원을 포기하고 다른 길을 찾기로 했다. SK텔레콤과 KT 임원을 찾아가서 과학 언론의 필요성을 말하고 지원을 요청했다. 모두 다 취지에는 공감하지만, 결정에는 시간이 필요하다고 완곡하게 거절의 뜻을 내비쳤다.

기회는 우연히 찾아왔다. 7월 중순에 서강대에서 열린 한 결혼식에 참석했다가 한국과학창의재단의 정윤 이사장을 만나게 되었다. 창의재단의 임무 중에 과학 대중화가 있다는 점이 번뜩 생각났다. 이광형은 창의재단의 정윤 이사장에게 사무실에서 다시 한 번 뵙자고 요청했다. 10월 말경에 국정감사가 있었는데, 여기서 또 정윤 이사장을 만나 방문 의사를 표시했다. 10월 30일에 임춘택 교수와 함께 창의재단을 방문하여, 과학대중화 교육의 필요성을 역설했다. 정윤도 대의에는 공감했다. 내년부터 석사 과정 교육을 시작하고 싶다고 말을 건넸더니, 정윤은 연말에 사용하고 남은 예산이 있는데, 교육과학기술부(교과부)의 승인을 받아서 그렇게 해보자고 했다.

교과부에서 승인해줄 것을 일단 가정하고, 학교 내부의 설득 작업에 들어갔다. 그 당시 이광형이 교무처장을 하고 있었고 외부에서 재정 지원이 약속되어 있었기 때문에, 설득 작업은 순조로웠다. 서남표 총장과 장순흥 부총장은 적극 찬성이었다. 11월 23일에는 과학 저널리즘 대학원SJ, Master of Science Journalism 프로그램 설립안이 학사연구심의회를 통과했다. 11월 25일에는 조선호텔에서 서남표 총장과 정윤 이사장 사이에 '과학 저널리즘 대학원 과정 협력위한 MOU' 조인식이 열렸다.

카이스트 석사 과정 입학시험은 11월 말에 모두 끝난다. 추가로 학생을 뽑으려면 학과장 회의의 승인을 받아야 한다. 12월 초에 학과장회의를 개최했지만, 이미 입시가 끝난 후에 추가 입시를 한다는 것에 회의적인 반응이 있었다. 다음 해에 학생을 선발하면 안 되냐는 반응도 있었다. 입학처 직원들은 입시 업무가 모두 다 끝났는데, 또다시 업무를 시작하는 것은 어렵다고 항의도 했다.

피 말리는 1기 입시 홍보

과학 저널리즘 대학원 입시 홍보에 주어진 시간은 약 한 달이었다. 원서 접수는 다음 해 1월 4~12일에 하기로 하고, 주로 신문과 인터넷을 이용하여 홍보했다. 첫해에는 20명 내외를 선발하기로 했다. 입시 설명회를 3회나 실시했다. 학과 사무실은 대전 본교에 두고, 강의는 서울 도곡 캠퍼스에서 하기로 했다. 주로 토요일에 수업하고, 공학 수업은 대전 본교에서 주말에 워크숍 형식으로 하기로 했다.

원서 마감일 1월 12일이 가까워오자, 이광형도 약간 불안한 기분도 들었다. 만약 지원자가 없으면 어떻게 될까? 미달이 되면 어떻게 될 것인가? 학과장 회의에서 입시는 문제가 없다고 큰소리쳤는데, 어떻게 얼굴을 들지 걱정이 태산이었다. 제발 정원 미달만은 면하게 해달라고 기도했다. 매일 홈페이지를 보면서 몇 명이 방문했는지 살피고, 전화 문의 상황과 질문 내용에 절로 촉각이 곤두섰다. 원서 접수 마감 전날 밤에는 잠을 이루기 어려웠다. 마지막 날에는 시간 단위로 접수 상황을 체크했다.

정말로 다행스럽게 30명이 지원했다. 거의 모든 지원자가 우수 인재였다. 신설학과가 한 달 동안 홍보로 이렇게 좋은 지원자를 모으다니 믿기지 않을 정도였다. 1월 18일 서류전형을 진행하고, 1월 23일에는 면접시험을 봐서, 1월 29일에 24명의 합격자를 발표했다. 그야말로 초특급 입시 행정이었다. 2월 6일에는 합격자를 소집하고, 2월 20일 카이스트 대전 본교에서 입학식을 열었다.

교육과학부의 반대

그러나 이광형에게는 말 못 할 고민이 남아 있었다. 창의재단 후원금 사용에 대한 교과부의 승인이 떨어지지 않아서였다. 교육 프로그램 신설은 카이스트가 독자적으로 결정할 수 있는 일이었다. 하지만 창의재단 지원금 사용은 교과부의 승인이 있어야 했다. 그러나 입시는 시기가 있기 때문에, 이번 시즌을 놓치면, 1년을 기다려야 하고, 1년 후의 일을 장담하기 어려웠다. 그래서 승인이 된다고 가정하고 입시를 진행한 것인데, 이러한 애로사항을 누구에게 털어놓지는 않고 혼자서만 속으로 삭였다.

입시 홍보가 한창 진행 중인 12월 초순, 교과부가 승인을 하지 않아 예산을 보낼 수가 없다는 창의재단의 연락이 있었다. 이광형은 직접 교과부에 찾아가 설득해보기로 했다. 12월 10일에 세종로에 있는 교과부에 가서 담당과의 B과장과 C사무관을 만났다. 담당자들은 이 수업의 목적이 무엇인지 모르겠다, S대학에서 하고 있는 과학 커뮤니케이션 과정과 차별화가 안 보인다는 등의 말을 하면서, 은근히 입시를 취소할 것을 권유했다.

이광형은 또 카이스트 졸업생 중에 그 분야에 공무원으로 일하는 A를 만나 이야기해보았다. 과학 대중화에 긍정적일 것이라는 약간의 희망을 품고 대화했지만, A도 검토해보겠다는 말을 되풀이하면서 애매모호한 입장이었다. 직접적인 언급만 안 했을 뿐, 입시를 취소하라는 의미로 해석이 되었다. 이미 공고가 나갔기 때문에, 루비콘 강을 건넜다고 A에게 말했다.

그러나 이광형은 여기서 주저앉지 않았다. 그는 교과부를 나서면서 이런 마음이 들었다고 한다. 공고한 바대로 진행할 수밖에 없다. 혹시 나중에 문제가 생기면 그때 가서 해결하고, 모든 것을 책임지겠노라고. 지금 공지된 것을 번복하면 더 큰 혼란이 생긴다. "잠시 살기 위하여 물러서면 죽는다, 죽음을 각오하면 살길이 있을 것이다. 나는 영원히 살기 위해 '좁은 문'을 택할 것이다."

2010년 1월에 입시가 끝나고 2월 20일에 입학식을 거행하여 수업이 시작되었지만, 아직도 교과부 승인이 나오지 않았다. 창의재단도 난감한 상황이었다. 3월 중순에 다시 교과부를 방문했다. 이때는 공무원 A와 친분이 있는 전직 과기부 고위 공무원과 동행했다. 수업이 진행 중이라는 설명과 함께 승인해줄 것을 요청했다. 고위 공무원답게 두루뭉술 알 듯 모를 듯한 답변이 돌아왔다. 교실에서는 수업이 활기차게 진행되고 있지만, 이광형의 머릿속에 무거운 짐이 짓누르고 있었다.

이번에는 또 다른 방법을 동원했다. A의 친구를 찾아가서 내용을 설명하고 협조를 요청했다. 4월 중순, A의 친구와 함께 다시 A의 사무실을 방문하여 상황을 설명하고 부탁했다. 이미 수업이 진행 중이기 때문에, 여기서 중단하면 관련자 모두에게 대형사고가날 것이라는 말도 덧붙였다. 이번에는 약간 긍정적인 반응이 나왔다. 몇 주 지나고, 창의재단에서 약속했던 재정 지원을 시작했다. 아무 일도 없었다는 듯 자연스럽게 모든 상황이 술술 풀렸다.

커리큘럼 공학 과목과 퀴즈

과학 저널리즘 대학원 과정 설립에 외적인 장애는 해결됐고, 내부에서 좋은 커리큘럼을 짜고 열심히 강의하는 일만 남았다. 강의를 시작할 당시 카이스트 도곡 캠퍼스는 아직 어수선한 분위기가 바로잡히지 않은 상태였다. 수업을 하면서 교실을 수리했다. 교실 단장을 하지도 않고서 학생을 받아 수업을 한 셈이었다. 개강 전에 수리가 완료됐어야 했는데, 공사가 지연되면서 늦어졌다. 지식재산 대학원도 함께 시작했기 때문에 더욱 혼란스러웠다.

전 세계의 과학 저널리즘 관련 학과의 교육 내용을 비교 검토하였다. 딱 맞는 모델이 없었기에 크게 저널리즘, 공학, 미래학 분야의 과목들로 구성했다.

커리큘럼에서 가장 논란이 되었던 것은 공학 수업과 퀴즈였다. 주로 인문학을 공부해온 대부분의 학생들에게 공학 다섯 과목은 지나치게 많다는 반응이었다. 매시간마다 보는 퀴즈 시험도 불만의 대상이었다. 다 큰 어른들에게 초등학생처럼 퀴즈가 뭐냐는 반응이 있었다. 어떤 학생들은 다른 대학과 비교하며, 학사 관리가 너무 엄격하다고 불만을 표시했다. 이광형은, 공학 수업과 퀴즈는 양보하지 않았다.

1년 정도 지나니 학생들의 태도가 바뀌었다. 공학 수업이 어렵기는 하지만, 유익하다는 의견이 주였다. 이렇게 상호 적응하는 기간을 거치니 평화로운 수업 분위기가 정착해갔다. 1기 졸업 즈음 해서는 학생들이 가장 칭찬을 많이 하는 부분이 공학 수업과 퀴즈로 변해 있었다.

과학 저널리즘 대학원 2기부터는 입시와 교육이 안정적으로 진행되었다. 졸업생 만족도가 높아지면서 입시 경쟁률도 높아졌다. 10년이 지난 2019년까지 졸업생과 재학생을 합하면 300명 정도 된다.

지금은 국가발전을 위해서 과학기술이 필수라는 말을 믿지 않는 사람이 거의 없다. 평소에 일기를 쓰지 않던 이광형은 이 기간만큼은 과학 저널리즘 대학원 설립에 관한 일을 홀로 일기처럼 기록했다. 누구에게도 말 못할 사연들이 그의 가슴속에 얼마나 쌓였기에 글로 흘러나왔는지, 스스로를 다독이며 때로는 밀고 가며 얼마나 처절하게 분투했는지 필자는 헤아려보았다.

과학기술정책 연구의 씨앗

대학에서 본격적으로 우리나라의 과학기술정책을 연구한 지는 이제 겨우 10여 년으로 역사가 매우 짧다. 연구개발비 규모나 세계경제에서 우리나라의 과학기술이 차지하는 위치를 생각할 때 의외가 아닐 수 없다. 이광형 교수의 손길은 여기에도 작은 흔적이 남아 있다.

각 학과는 신임 교수를 임용하기 전에 교수 후보를 불러 세미나를 연다. 일주일에 한 번꼴로 열리므로, 교무처장은 일일이 다 참석할 수 없다. 그러나 2007년 이광형 교무처장은 한 후보 교수의 세미나 발표 때는 일부러 참석했다. 카이스트가 과학기술정책을 연구해야 한다고 생각했는데, 누구에게 맡길까 고심하던 때였다.

후보자가 교수로 임용된 지 몇 달이 지났다. 기회를 엿보던 교무처장은 그해 가을 기회를 얻었다. 박범순 교수는 "2007년 가을에 신임 교원 만찬이 있었는데 슬그머니 이광형 교무처장이 옆에 앉더니 '박 교수 어떤 일 하세요?'라고 물었다"고 회상한다.

박범순은 서울대 화학과 나와 석사 때 과학사로 전공을 바꾼 뒤 존스 홉킨스 대학에서 20세기 미국 과학사를 전공했다. 그 뒤 미국 국립보건원NIH에서 8년간 의료정책과 생명과학 정책 역사를 연구했다. 이광형은 숙련되게 그를 이끌었다. 박범순은 당시 교무처장이 "과거도 중요하지만 미래에 대해 연구하는 것이 더 중요하지 않겠습니까?"라고 설득한 것으로 기억한다.

이광형은 "역사도 미래를 위해서 배우는 것 아니냐. 과학기술정책에 대한 연구 및 교육이 없으니 박 교수가 한번 해보겠느냐"라고 물었다. 이광형의 이 제안은 군기가 바짝 들어 있던 신임 교수를 설레게 했다.

박범순 교수는 얼마 후에 "의향이 있다"고 답변했다. 우선 학생을 몇 명 선발할 수 있도록 과학기술정책대학원 프로그램이 만들어졌다.

2년이 흘렀다. 교무처장도 물러날 때가 됐다. 씨를 뿌려놓은 과학기술정책 프로그램이 자꾸 눈에 밟혔다. 젊은 교수 혼자 잘 이끌어나갈 수 있을까? 부총장과 협의하여 학사연구심의회를 열어서, 독자적으로 교수를 뽑고 박사 과정을 개설할 수 있는 학과로 승격시켰다. 교무처장으로서는 마지막 학사연구심의회였다.

박범순은 "교무처장이 자기 전공 분야가 아닌 다른 분야에 대해 연구를 제안한 것이 특이했다. 카이스트의 유연성과 실험정신을 보여준 것이어서 흥미롭고 충격적이었다"고 말했다.

과학기술정책 연구는 오래전부터 정책과 행정의 중요성을 깨달은 과학자들이 꼭 설립해야 한다고 생각했던 분야이다. 이미 1970년대 말부터 산발적으로 과학기술정책 연구가 태어났고 2000년 초에도 프로그램이 있었지만, 자리를 잡지 못했다.

이번에는 달랐다. 순풍에 돛을 단 것 같았다. 아이디어 못지 않게 중요한 것은 실행력이다. 새 프로그램을 만들기 위해 다른 나라의 실태에 대한 조사 작업을 벌였다.

박 교수가 초안을 잡은 설립 제안서는 서너 번씩 교무처장실을 오가며 다듬어졌다. 겨울에 학사연구심의회를 통과하면, 공고를 내고 8월에 입시를 치러 9월에 선발한다. 2008년 첫 프로그램은 3대 1의 경쟁률을 보이며 큰 성공을 거뒀다. 주로 행정대학원에서 산발적으로 이뤄지던 과학기술정책 연구가 본격적으로 출발했다.

대학본부가 제공한 것은 국비장학생 정원 다섯 명과 첫해 운영비 1천만 원이었다. 잘되려다 보니 마침 과학기술정책 연구를 필요로 하는 교육과학부도 이듬해부터 카이스트를 비롯해서 세 개 대학에 과학기술정책 연구를 지원했다.

박범순은 "이광형 교수는 '미래를 위한 씨앗을 심는 사람'"이라고 평가한다.

KAIST

6 퓨처리스트

미래전략대학원 졸업생들과 함께

미래학을
개척하다

점점 더 과학기술이 발전하고 살기 편해지면서 우리 눈앞에 새로운 세계가 펼쳐지고 있다. 그러나 아무도 경험하지 못한 세상이기에 불확실성은 점점 더 커진다. 불확실성은 불안을 증대시키므로 사람들은 점점 더 미래가 어떻게 변할 것인지 관심이 높아진다. 미래가 불확실할수록 미래를 내다보고 싶은 욕망은 더욱 커진다.

미래전략대학원을 위한 새로운 투쟁

최근 '미래학'이라는 분야가 눈을 뜨기 시작했다. 우리나라에서도 카이스트에 미래전략대학원이 설립되면서 미래예측 방법론 연구가 활기를 띠고 있다. 이것 역시 이광형이 주도하여 미래전략대학원을 만들었기 때문에 가능해졌다.

이광형은 바이오및뇌공학과를 만들면서 미래학의 필요성을 느꼈다고 말한다. 신설학과 설립 당시 반대하던 많은 사람들은 왜 그랬을까? 차이는 미래를 보느냐 아니면 현재를 보느냐에 있다. 현재를 중심으로 생각하면 눈앞의 현안이 많이 보인다. 하지만 미래를 중심으로 생각하면 미래 시점으로 이동하여 상상을 한다. 그러면 보이지 않던 것들이 많이 보인다. 이 교수는 사람들에게 새로운 융합학과의 필요성을 설득하면서, 미래를 함께 예측하고 토론할 수 있는 방법론이 있으면 좋겠다고 생각했다.

바이오및뇌공학과가 안정을 찾자, 이광형의 머리 한켠에 잠시 미루어놨던 미래학이 다시 중점으로 떠오르기 시작했다. 즉, 미래학을 본격 연구 교육하는 학과를 만들어야 겠다고 생각한 것이다. 2011년에 학교를 설득하여 기획위원회를 구성하여 타당성을 조사했다. 기획보고서에는 2012년에 미래전략대학원 설립을 추천하는 내용이 있었다. 하지만, 이 교수는 자신이 이 대학원을 맡을 생각이 없었디. 그동안 바이오및뇌공학과, 지식재산대학원, 과학 저널리즘대학원을 만들면서 충분히 고생했고, 더 이상 일을 벌이는 것은 무리라고 생각했다. 학교 본부에서는 적임자를 추천하라고 했다. 몇 명을 추천했지만, 본인이 거부하든지 또는 본부가 거부하든지 하였다. 시간이 6개월 이상 흘렀다. 책임자가 있어야 입시를 준비하여 가을에 학생을 선발한다. 이렇게 가다가는 미래전략대학원 설럽이 무산될 것 같았다. 이광형은 할 수 없이 우선 임시로 책임을 맡기로 하고, 입시를 준비했다. 일단 이렇게 시작하다 보니 계속하게 되었다.

미래전략대학원은 2012년에 학생을 뽑아서 2013년에 개강을 하였다. 이것 역시 새로운 분야이라서 학생 모집이 순탄하지 않았다. 다른 학과들을 신설할 때에도 그랬지만, 첫 입학생을 모집할 때 초긴장 상태였다. 그러나 실제로 지원자를 접수해보니, 2 대 1의 경쟁률로 좋은 학생들이 몰려들었다. 역시 우리 사회는 새로운 것에 도전하는 사람들이 많은 역동적인 곳이다.

반쪽짜리로 출발한 미래전략대학원

이렇게 멋지게 첫발을 내디딘 미래전략대학원에는 숙제가 있었다. 대학원 조직이 만들어졌지만, 다른 학과처럼 교수를 뽑고 박사 과정을 운영할 수 없었다. 학교 본부에서는 교육만 하는 대학원으로 발전시키면 되지 않느냐고 말했다. 교육 중심 교수를 뽑으라고 했다. 박사 과정 없이 석사 과정만 있는 대학원으로 운영하라는 것이었다.

이광형이 보기에 이것은 잘못된 방식이었다. 좋은 교육은 우수한 교수에게서 나오는 것이고, 우수한 교수는 연구를 해야 길러진다. 그래서 우수한 교수는 연구를 할 수 있는 곳에 간다. 박사 과정이 없어서 연구를 할 수 없는 곳에서는 우수한 교수진을 구성할 수 없다. 이것은 매우 간단한 이치인데, 실제로 깨닫지 못하는 대학 경영자들이 많다. 하지만 학과를 만들어본 경험이 많은 이광형은 이러한 점을 꿰뚫어보고 있었다.

이광형은 줄기차게 대학본부에 박사 과정을 만들고 신임 교수를 뽑게 해달라고 요청했다. 학교 본부는 초지일관 박사 과정 신설을 거부했다. 학교 내의 부정적인 의견들이 반영되었을 것이다. 사실 그 당시 일부 교수들은 미래전략대학원이 부실하다, 전임교수도 없다고 비판하기도 했다. 심지어 어떤 교수는 학과장 회의에서 "학위 장사를 한다"는 말까지 하며 비난하였다. 신입생 선발하는 입시 사정회의에서는 항상 부족한 점을 지적하는 의견들이 나왔고, 이것들은 학사운영 개선에 큰 도움이 되었다.

대학원은 만들어졌는데, 교수와 박사 과정이 없는 상태는 바둑에 비유하면 '두 집'을 짓지 못한 상태와 같다. 바둑에서 두 집을 지어야 안전해진다. 가끔 만나는 정문술 회장에게 이러한 고민을 말했다. 정문술은 "이 교수가 추진하는 것이 옳은 방향이다. 내가 돈을 줄 테니, 그 돈으로 일을 해보라"고 격려해주었다. 215억 원의 기부 조건을 들은 강성모 총장과 보직자들은 고민에 빠졌다. 거액의 기부금을 거절하기는 싫고 그동안 자신들이 반대해오던 박사 과정 신설도 허락하기 힘든 진퇴양난에 빠졌다. 고심을 거듭하던 대학본부 측에서 결국 입장을 바꾸게 되었다. 이렇게 하여 2014년

1월 정문술 회장의 2차 기부 약정식이 열렸던 것이다. 그 후에도 대학본부는 마지못해 수락한 조건인지라 후속 조치에 협조적인 태도로 나오지는 않았다. 특히 재정 자립 문제는 큰 숙제였는데, 차일피일 시간을 끌면서 해결해주지 않았다. 상대방이 지연 작전으로 나올 때는 화를 먼저 내는 사람이 진다. 이광형은 이 문제로 절대 조급해하거나 화를 내지 않고 때를 기다렸다.

2014년 8월 28일, 총장과 부총장이 총장실로 이광형을 불렀다. 박사 과정 입시를 취소하면 안 되겠느냐고 물어왔다. 입장을 번복하겠다는 뜻이었다. 부정적인 의견을 가진 교수들이 많다고 덧붙였다. 2009년 교과부에서 과학 저널리즘 대학원 입시를 중단할 것을 종용하던 때와 비슷한 상황이었다. 이광형은 "이미 공표된 일"이라고 간단히 답했다.

조직도를 뒤집어 놓고 예스맨이 되다

모든 일에 배움이 있다. 특히 역경은 큰 자산이 된다. 이광형은 그 당시 학교 본부에서 매우 큰 교훈을 얻었다고 말한다. 보직자의 임무는 교수 학생이 열심히 공부하고 연구할 수 있게 도와주는 역할이다. 교수 학생이 원하는 것이 있으면 도와주고, 그렇게 할 수 없는 사안이면 명확하게 이야기한다.

이광형 부총장실에 있는 조직도는 거꾸로 놓여 있다. 이광형은 자신이 섬겨야 할 사람을 명확히 알기 위해 뒤집어놓았다. 그리고 카이스트 신문 인터뷰에서 '예스맨'이 되겠다는 말을 한 적이 있다. 조직도를 뒤집어놓은 아이디어는 이 교수의 독창적인 것은 아니다. 존 헤네시의 책 "Leading Matters"(한국어판 제목은《어른은 어떻게 성장하는가》)에서 배웠다.

학교 내의 이러한 풍파에도 불구하고, 학교 밖에서는 미래전략 대학원에 대한 찬사가 그치지 않았다. 국회에서는 2013년부터 국회의정연수원과 공동으로 미래전략 최고위 과정을 마련하고, 국회의원과 국장급 이상 고위 공무원을 교육했다. 10주 동안 아침 7시 30분부터 100분간 진행되는 교육이었는데, 미래학과 과학기술의 입문에 해당되는 내용을 가르쳤다. 매년 국회의원 40여 명과 고위 공무원 30명 정도가 수료증을 받았다. 3년간 이어진 교육에서 한 의원이 "이제야 비로소 눈이 뜨이는 느낌"이라고 말할 정도였다. 이 강좌의 영향으로 국회 사무처에 '미래준비포럼'이 설립되었고, '국회미래연구원'이 태어났다. 특허 허브 국가 추진위원회도 이 강좌를 통해서 설립되었는데, 특허 보호 정책을 강화하여 대한민국이 특허 허브 국가가 되기 위한 입법 활동을 하고 있다.

2014년부터 매년 발행하는《카이스트 미래전략》책은 어느덧 한국의 중요한 미래전략 보고서로 자리를 잡아가고 있다. 매년 겨울이 되면 이 책이 출간되기를 기다리는 독자들이 있다. 해마다 다르지만 대략 매해 4천 부가량 판매되는데, 이런 분야의 책으로서 과히 나쁘지 않은 성적이다. 이 책은 꾸준히 국가 미래전략을 연구하고 논의를 총합하면서, 국가의 미래를 준비할 독자들이 도움을 얻고 또 해당 기관 관련자들이 연관된 정책이 있으면 채택하기를 바라면서 발행된다. 이광형은 "책의 집필 기조를 '선비정신'에 두고 있다"고 강조한다. 어떠한 정파나 압력 집단에 영향받지 않는 것을 가장 중요한 지침으로 생각하고 있다. 오직 국가와 사회를 위해서 옳은 말을 하는 것이다.

미래전략대학원에 대한 카이스트 내부의 부정적인 분위기는 2017년 신성철 총장이 취임하면서 바뀌었다. 국제적인 흐름을 잘 꿰뚫고 있는 신성철 총장은 미래 세상의 변화와 그에 대비하기 위한 카이스트의 준비를 생각했다. 미래 지향적으로 생각하니, 당연히 미래전략대학원의 중요성을 크게 인식했다.

이 교수는 평소에 일기를 쓰지 않는다. 그러나 특별한 사안이 있으면 일기를 쓴다. 미래전략대학원 설립에 관한 일기가 A4용지 50페이지에 이른다고 말한다. 그만큼 사건이 많았다는 말이다.

사단법인 미래학회 출발

세종시에 많은 정부기관이 이전해왔다. 어느 고위 공무원이 "서울에 있을 때에는 많은 사람들과 소통하며 정책 결정에 도움 되는 지식을 습득했는데, 세종에 와서는 그러기 어렵다"는 말을 했다. 이광형은 이것이 또 미래전략대학원이 해야 할 일이라 생각했다. 2013년 세종에 6개월짜리 비학위 과정인 국가미래전략 고위과정 ASP를 만들었다. 지금까지 이를 통하여 미래전략과 과학기술을 공부한 수강생이 1천 명이 넘었다.

카이스트가 미래전략대학원을 출범시키면서 국내에서 미래학에 대한 관심이 높아지기 시작했다. 일부 학자들은 미래학에 대한 학문적인 연구와 토론을 할 수 있는 학회를 만들어야 한다는 의견을 내놓았다. 한국에는 이미 '미래'라는 단어를 넣은 학회들이 있기는 했지만, 학술연구에 중심을 두기보다 강연회나 토론회에 학회 활동이 치중되었다. 연구논문을 발표하는 학술대회를 개최한다든가 논문을 출판하는 학술지를 발행하는 활동은 없었다.

이에 따라 2016년 '사단법인 미래학회'가 출범했다. 동료들은 이광형을 초대 학회장으로 추대했지만, 그가 사양했다. 2001년 바이오및뇌공학과를 출범시킬 때 학과장을 다른 분에게 양보했고, 2013년 미래전략대학원장을 맡을 때에도 6개월을 고사하다가 수락한 경험이 있었다. 영원히 사는 길을 가르쳐준 시바 료타로의 책 《료마가 간다》의 영향이다. 학회 창립식을 더 이상 미룰 수 없는 상황이 되었다. 결국 이광형은 학회장직을 수락하고 국내 미래학 개척에 나섰다.

현재 미래학회장은 중앙대 김동환 교수가 맡고 있다. 김동환은 "이광형 교수는 겸양을 겸비한 혜안으로 초기 어려움을 극복하고 학회의 기틀을 잡았다"고 기억했다.

STEPPER 미래예측법

미래학은 발생 가능한 복수의 미래를 내다보고 그것들의 장단점을 비교하여, 우리가 목표로 해야 할 미래를 설정한다. 가끔 미래학을 특정한 미래를 알아맞히는 학문으로 생각하는 사람들이 있는데, 그것은 불가능한 일이다. 미래학자들은 미래를 형성해주는 핵심 동인을 파악하여, 그것들의 시간 흐름에 따른 상황을 보면서, 다양한 미래의 이미지를 그려본다. 그래서 미래예측에서는 핵심 동인의 추출이 무엇보다 중요하다.

이광형은 미래전략대학원을 설립하면서 학문적인 깊이를 도모해야 대학원이 뿌리를 내린다는 점을 알았다. 그래서 고유의 미래예측방법을 개발하여 여러 가지 프로젝트에 적용하였다. 카이스트 미래전략대학원에서 개발한 방법론을 이용하면 비교적 용이하게 미래를 예측할 수 있다.

STEPPER는 미래를 변화시키는 7대 동인이다. 즉, 미래예측을 위한 핵심 동인 추출 방법이다. STEPPER 미래예측법은 이광형이 임춘택 교수와 함께 제안했다. 이광형이 기존의 미래예측법이 부실한 것 같으니 새로 만들어보자고 이메일을 보냈을 때, 임춘택이 재빠르게 호응해서 탄생했다. STEPPER는 우리 사회를 바꾸는 요소 중에서 주도적으로 영향을 미치는 요소를 찾아, 그 요소를 중심으로 미래를 예측하는 방식이다. 다른 학자들은 이 요소 중 다섯 개를 'STEEP'라고 불렀다. 'Society, Technology, Environment, Economy, Politics'이다.

이 교수와 임 교수는 다섯 가지 요소로는 너무 적다고 판단해서 두 개를 더해 'STEPPER'라는 이름을 붙였다. 'Society, Technology, Environment, Population, Politics, Economy, Resource'의 약자이다.

만약 안경의 미래를 예측한다고 해보자. 20년 후의 안경은 어떤 모습일까? 먼저 안경에 중요한 영향을 주는 핵심 동인을 찾아야 가능하다. 우선 문헌조사를 벌여야 한다. 안경의 역사와 활용도를 찾아본다. 우리 사회가 안경에 대해서 어떤 개념을 가지고 있을까 하는 것도 탐구해야 한다. 한국사회가 안경에 대해서 어떻게 생각하는가도 중요하다. 안경이 패션이나 액세서리가 된 것은 아닌가? 안경에 다이아몬드를 박는 경우도 있을까? 안경의 무게가 영향을 주는가?

이런 요소를 고려해보면 막연한 생각보다 훨씬 더 쉽게 생각을 가다듬어서 핵심 요소를 찾을 수 있다. 대체로 사람들이 안경에 대해서 무겁다고 느낀다면, 가볍게 만드는 것을 원할 것이다. 물론 안경의 제조기술도 중요하다. 안경알의 재질이 플라스틱인지 유리인지, 다른 재질은 없는지, 혹은 안경알은 꼭 저런 크기여야 하는가? 직경을 줄일 수는 없는가? 자외선과 안경과의 관계는 무엇일까?

만약 자외선 차단이 안경을 선택하는 핵심 동인이라면 미래에는 시력이 나빠서가 아니라, 자외선 차단을 위한 도구로 쓰일 것이다. 이상과 같이 핵심 동인을 찾을 수 있지만, 빠뜨리지 않고 찾기 위해서는 STEPPER를 이용하면 좋다. 이렇게 다양한 측면을 고려하면 핵심 요소가 다섯 개가 될 수도 있고 여섯 개가 나올 수 있다.

안경의 미래를 예측한다고 막연하게 생각할 때는 어디부터 손을 대야 할지 모르지만, 이렇게 STEPPER를 이용하여 핵심 동인을 찾아내면 문제가 단순해진다. 여기서 핵심 동인으로 다음 여섯 가지를 추가로 생각할 수 있다. 패션, 자외선, 무게, 플라스틱, 금속, 렌즈 등이다. 안경의 미래에 대한 핵심 동인이 몇 개로 좁혀진다면, 그 몇 가지 요소의 상호작용을 보고 시간에 따라서 시뮬레이션해서 10년 후, 20년 후, 30년 후를 상상할 수 있다. 이런 과정을 거치면 막막하던 때보다 훨씬 더 손에 잡히는 상태가 된다.

창의적으로
미래를 예측하려면

질문에서 시작되는 창의력

이 같은 미래예측법에 이광형 교수의 창의력 개발법을 응용하면, 좀 더 현실적이고 구체적이며 누구나 이용 가능한 입체적인 미래 예측이 가능해진다. '창의력 개발법'은 문제의 답을 구하기 위해 어떻게 질문하느냐를 다루는 방법론이기도 하다. 창의력을 개발하려면 질문을 잘해야 한다. 그러나 우리가 잘 모르는 주제에 대해서는 질문조차 하기 어렵다.

창의력 개발법은 무슨 주제이든 세 가지 요소를 물어보라고 요구한다. '시간'에 대한 질문, '공간'에 대한 질문, '분야'에 대한 질문이다. 이 같은 원칙을 지켜 세 가지 요소를 생각하면 질문이 성립이 된다. 엉뚱한 소리가 안 나오는 것이다.

그렇다면 질문이 왜 중요한가? 질문은 사람으로 하여금 고정관념에서 벗어나서 새로운 생각을 하게 해준다. 유대인들이 전 세계에 1,700만 명이 살고 있으니 70억 인구 중에 인구 비중은 0.2퍼센트밖에 안 된다. 그러나 그들이 노벨상은 20퍼센트를 받는다. 매년 두세 명씩은 대체로 유대인이 차지한다.

그렇다면 유대인이 이렇게 많은 노벨상을 받는 이유는 무엇일까? 첫 번째로 유대인은 타고난 유전자가 특출하기 때문으로 짐작할 수 있다. 과연 그럴까? 유대인들이 나라를 잃어버리고 흩어져 살다가 2천 년 만에 다시 모여 살고 있다. 유대인의 국가인 이스라엘이 건국할 때 유대인들은 그곳에 살고 있지 않았다.

유대인의 교육 방식

유대인들이 지금 이스라엘 땅에 살지 않고 2천 년 동안 흩어져 살았는데, 아무리 아브라함의 자손이라고 한들 그 유전자가 수천 년 동안 유지되었을까? 그것도 모계사회에서 말이다. 2천 년 전이라면 우리나라에서는 박혁거세가 신라를 건국하고 주몽이 고구려를 만들고 온조가 백제를 세우던 그 시절이다. 경주 박씨 박혁거세의 후손들이 한반도에 살지도 않고 전 세계에 흩어져 있었는데 그 혈통이 지금까지 유지된다는 것은 상상하기 어렵다.

그러므로 좋은 유전자를 타고났다는 것은 성립하지 않는다. 그렇다면 유대인을 유대인 되게 만드는 요인은 후천적인 교육이라는 설명이 맞는 것 같다. 유대인 교육은 질문하고 토론하는 하브루타 교육이다. 유대인 부모들은 아이가 학교에서 집에 오면 이렇게 물어본다.

"오늘은 무엇을 질문했어?"

이에 비해서 대한민국 부모들은 이렇게 자녀들에게 말한다.

"선생님 말씀 잘 듣고 공부 잘해라. 차 조심하고."

이 교수는 한 번은 문용린 서울시 교육감을 만나서 물어봤다.

"요새도 학교에 우등상 있죠. 상장 문안이 어떻게 되어 있나요?"

'품행이 방정하고 타의 모범이 되므로……' 이런 문구이다. 그런데 품행이 방정한 게 무엇인가? 상장 문안부터 바꿔야 할 것이다. 우리나라의 교육을 바꾸려면 질문하는 교육으로 바꿔야 한다. 상장 문장도 바꾸어야 한다. 질문하면 고정관념에서 벗어난다. 특히 혼자 스스로 질문할 수 있으면 언제 어디서나 질문할 수 있으니 가장 좋다.

창의력 왼손법칙이란?

혼자 질문하는 법을 터득하는 것이 중요하다. 안경을 예로 들어보자. 새로운 안경을 찾고 싶다. 이런 생각이 들었지만 바로 해답이 떠오르지 않는다. 안경을 어떻게 하지? 생각이 안 나면 시간 축에서 질문한다. 10년 후 20년 후 30년 후 어떻게 변할까. 시간 축을 가지고 이동해본다. 50년 뒤면 사람 시력이 어떻게 될까?

두 번째 질문은 공간 축 위에서의 이동이다. 미국 알래스카 주민의 안경은 어떻게 만드는 것이 좋을까? 사우디 사람이 쓰는 안경은 어떤 게 좋을까? 모래바람이 있는 사우디아라비아의 안경을 생각한다면 우리는 쉽게 안경에 대한 고정관념에서 벗어날 수 있다.

세 번째는 분야에 대하여 스스로 질문해보는 것이다. 안경의 소재를 바꿔서 물어보자. 안경테를 플라스틱에서 철로 바꾸면, 혹은 다른 금속으로 바꾸면 어떨까? 안경 렌즈를 카메라 렌즈처럼 재료를 바꾸거나, 작게 할 수 없나? 이런 상상에서 새로운 생각이 나올 수 있다.

이 세 가지 분야에 대한 질문을 기억하기 좋게 세 손가락에 대입해서 기억하면 편리하다. '플레밍 왼손 법칙'처럼, '창의력 왼손 법칙'이라고 이름을 지었다. 새로운 사물을 만나면 손가락을 벌리고 시간(중지), 공간(검지), 분야(엄지)로 구분해서 질문을 해본다. 이렇게 하는 것이 3차원으로 세상을 보는 하나의 방식이다.

이광형은 자신이 고안한 창의력 개발법을 '창의력의 주기도문'이라고 별명을 붙였다. 이광형은 아내의 성화에 못 이겨 구역예배라는 곳에 참석해보았다. 그런데 갑자기 예상치 못한 상황에 맞닥뜨렸다. 주변에 둘러앉아 있던 참석자들이 돌아가면서 한 사람

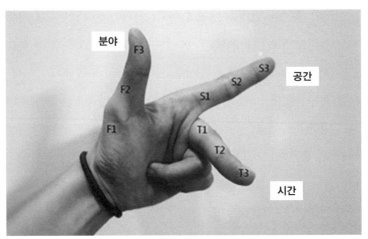

창의력 왼손 법칙은 시간, 공간, 분야의 세 개 방향을 인지하게 해준다.

씩 기도를 하는 것이었다. 이런 모임에 참석하다 보면 언젠가는 나에게도 기도하는 차례가 오겠구나 싶은 생각이 들었는데, 다른 사람 앞에서 기도를 해본 적이 없는 이광형은 부담도 되고 조금 무섭다는 생각도 들었다. 일단 기도를 할 때는 사람들의 목소리가 변하고, 기도에 사용하는 언어와 문장도 평소 말투와는 달랐다. 한마디로 말해서 기도는 아무나 하는 것이 아니라는 데 생각이 미치면서, 언젠가 나한테 기도하는 순서가 돌아오면 어쩌나 하는 부담감이 확 밀려왔다. 교회 다닌 지 20년이 넘었는데 기도에 겁을 낸다면 은근히 체면이 상할 것 같기도 했다.

이런 은밀한 두려움은 언젠가부터 슬그머니 사라졌다. 성경책을 보니까 안표지에 주기도문이 있었다. 그 전에도 여러 번 읽던 기도문이지만, 기도에 부담을 가지고 있던 차에 본 문장이라 그런지 요령이 생겼다.

'대표 기도 차례에 걸리면 요걸 읽으면 되겠구나.'

주기도문은 참으로 옳은 이야기만 있고, 어떤 경우 어떤 상황에도 맞아떨어지는 내용이었다. 너무 보편타당한 진리여서 주기도문대로 기도하면 틀림이 없을 것이다. 이광형이 자신이 고안한 창의력 개발법을 '창의력의 주기도문'이라고 이름 붙인 것은 바로 이런 이유 때문이다. 이 3차원 창의력 개발법 책은 큰 호응을 받아서, 영어로 번역돼서 스프링거 출판사에서 발간되기도 했다.

3차원 예측법

이 창의력 개발법에 미래예측법을 결합하면 생각보다 훨씬 훌륭한 작품이 나타났다. 창의력 개발법에 STEPPER의 일곱 가지 요소를 각각 대입하면 너무나 쉽고 편리하게 미래를 예측하는 것이 가능함을 발견했다. 그냥 나열했던 STEPPER의 일곱 가지 요소를 창의력 개발법의 3차원의 xyz축에 각각 대입하면 놀라운 매트릭스가 만들어진다. 너무나 간단한 방법으로 평면적이던 예측이 3차원의 공간적인 예측으로 변모했다!

예를 들어서, 앞에서 살펴본 안경의 미래를 다시 생각해본다. 앞에서 STEPPER를 이용하여 핵심 동인으로 여섯 개를 골랐다. 즉,

'패션, 자외선, 무게, 플라스틱, 금속, 렌즈'이다.

이 핵심 동인을 3차원 공간 속에서 생각해본다. 여섯 개의 핵심 동인을 공간과 분야의 축 위에 표시한다. 그러면 3×3 테이블이 만들어진다. 이제 이 테이블 속에 해당되는 데이터를 써넣는다. 결국 핵심 동인 사이의 상호작용을 나타낸다.

이 같은 테이블 속에서 사람은 자기의 생각을 발전시킬 수 있다. 창의력 개발법의 xyz축에 대입한다. 앞서 살펴본 핵심 동인을 2차원 테이블에 표시하고, 시간축 위로 이동하며 보니까 새로운 생각이 전개된다. 예를 들어 10년 후를 예측하면서, 테이블을 10년 후로 만들고, 10년 후에 안경테의 무게가 감소하는 것으로 예상해서 칸을 채운다.

이런 간단한 방법을 동원하면 너무나 어렵게 느껴지던 미래예측이 10분 만에 전체적인 구조가 드러난다. 이렇게 간단하게 미래를 예측할 수 있다는 것이 너무나 신기하고 재미있다.

필자는 지난 세월 동안 이광형을 여러 번 만나 여러 이야기를 들을 기회가 있었지만, 자신이 고안한 '3차원 창의력 개발법'과 나이 들어 늦게 배운 '미래예측법'을 결합했을 때 나타나는 놀라운 현상을 설명할 때처럼 신나고 기뻐하는 모습을 본 적이 없다.

이를 설명할 때 이 교수의 눈빛은 반짝반짝 빛이 나고, 얼굴에는 저절로 미소가 퍼지면서, 설명하기 위해 칠판에 쓰던 손길은 빨라졌다. 이 방법을 '3차원 예측법'이라 부른다고 한다.

너무나 막연한 미래예측, 많은 시간을 들여서 오랫동안 온갖 정보를 모으고 골머리를 쏟아야 가능할 것 같은 미래예측이라는 괴물을, 순식간에 굴복시키는 신무기는 앞으로 여러 사람들이 애용하는 학문적인 도구가 될 것 같다.

제품에서 배우는 과학 RSP

중고등학교에서 배우는 과학교육이 재미가 없다. 수학, 물리, 생물, 화학 과목 들이 구분이 되어 있다. 왜 배우는지, 무엇에 쓰이는지도 모르면서 외우고 시험을 본다. 과학교육의 목적은 이해력을 기르고, 호기심을 기르고, 흥미를 갖게 하는 것이다.

딱딱하고 어렵게만 느껴지는 이 모든 과학의 원리는 지금 우리 주변에 있는 많은 제품과 상품 속에 녹아 있다. 주변에 널린 상품에서 과학을 배우고, 기술을 분석하고 그 기술이 초중고교 과학 교과서에 나온 어떤 공식, 어떤 원리와 연결된 것인지를 가르친다면 학생들은 엄청난 호기심과 기쁨을 맛볼 것이다.

이광형은 과학교육의 흥미를 돋우는 새로운 교육 방법을 제안하고 있다. '상품에서 배운다'는 개념의 'RSP Reverse Science from Product' 교육이다. 휴대폰에 들어 있는 바이오, 화학, 물리, 수학의 모든 원리를 다 분석해내서, 휴대폰의 어떤 기능이 어떤 과학과 연결됐는지를 가르치면 획기적인 교육이 될 것이다. 휴대폰 속의 반도체 칩을 만드는 데 질소하고 수소의 관계가 어떻게 적용되는지, 그 내용이 교과서 물리 몇 페이지, 화학 교과서 몇 페이지에 들어 있는지를 알려준다면, 학생들이 얼마나 큰 보람과 기쁨을 느낄 것인가?

기업들은 자기 회사의 제품을 분석하여, 그 속에 담긴 기술을 중고등학교 교과서로 설명한다. 각 회사들이 자기 제품을 가지고 RSP 교육 교재를 만든다. 그리고 교육 기부 차원에서 학생들에게 설명한다.

이런 가정을 해본다. 스마트폰 판매점에서 토요일 오후 서너시가 되면 동네 꼬마들과 부모들을 초대한다. "이번 주는 휴대폰 수업입니다"라면서, 중학교 교과서 내용이 휴대폰에 이러저러하게 적용된다고 가르친다면, 얼마나 흥미로운 시간이 될까? 혹은 이번 토요일은 '자동차 배우는 날'로 정해, 자동차 공학을 함께 배우고 익히고 경험하는 날로 삼는다면, 기업이 바로 국가의 교육에 직접 참여하는 계기를 만들어줄 것이다.

생산자와 소비자 사이의 관계가 물건만 주고받는 것이 아니라, 서로 지식을 공유하고 기쁨과 즐거움을 주고받는 새로운 관계로 형성될 것이다.

물론 교재도 새로 만들고 강사교육도 시키고 교사도 동원하고 회사 간부도 참여하는 그런 과정이 필요하다. 고등학교에 자동차 열어놓고 교재 가지고 설명하는 방식도 동원될 수 있다. 이렇게 하다 보면 학생도 흥미를 느끼고, 회사도 이미지 제고에 도움받고, 국가는 과학교육해서 좋고, 모두가 좋은 일이 될 것 같다.

"은퇴 후에 RSP 교육을 기업들과 함께 키워보고 싶다. 그렇게 해서 우수 인재들이 흥미를 느끼고 이공계로 오게 만들고 싶다."

이광형은 은퇴 후에 RSP 교육을 확장시키고, 빅 사이언스 히스토리Big Science History를 연구하고 싶다고 말한다.

미래는
창조하는 것

미래를 예측하는 방법을 설명하면서 이광형 교수가 보여주는 도표를 주의 깊게 살펴보았더니 현재 시각이 2021년으로 표시됐다. 의도적인 것인가 싶어서 물어봤다. "왜 현재 시간을 다음 해인 2021년으로 표시했습니까?"

"저는 현재를 하나 앞서 살기 위해, 현재를 항상 1년 후로 생각하고 삽니다. 내년이 되면 2022년으로 표시할 것입니다." 그야말로 기상천외한 답변이었다. 20년 전 송지나 작가가 〈카이스트〉 드라마를 쓸 때 괴짜 교수의 모델로 채택을 했던 이유를 알 것 같다.

미존 수업을 진행하는 교수

이광형 스스로 창의적이 되고자 한 노력을 여러 가지로 기이한 모습에서 볼 수 있다. 그의 연구실에는 텔레비전이 거꾸로 달렸고, 사무실의 조직도를 뒤집은 기행은 이미 소개했다. 두 개의 구두끈을 색깔이 다르게 하고 다니기도 한다. 이처럼 비대칭으로 하는 것은 옛날 제자 김정주에게서 배웠다고 한다.

김정주는 귀걸이를 하고 다녔는데, 양쪽에 동일한 모양의 귀걸이를 달지 않았다. 가령 한쪽이 네모이면 다른 쪽은 둥그런 모양이었다. 머리카락 색깔을 노랗고 빨갛게 하고 다니는 학생이 귀걸이까지 그렇게 하고 나타나니, 한마디 지적이 목청까지 나오려 했다고 한다. 그러나 꾹 참고 못 본 척했다. 그런데 어느덧 교수가 그를 본받아서 구두끈을 짝짝이로 매고 다닌다. 이광형은 항상 다른 사람과 다르게 하고 싶어 하고, 어제와 다르게 하고 싶어 한다.

이광형은 미존未存 수업을 진행하고 있다. '미존'이란, 문자 그대로 존재하지 않는 것이다. 이 시간은 세상에 존재하지 않는 것을 논하는 수업이다. 이 시간에는 교수도 학생도 어떤 것이 논의될지 모른다. 모든 학생들은 이 세상에 없는 아주 새로운 이야기를 해야 한다. 만약에 어디선가 들어본 것 같은 말을 하면 점수가 없다. 예를 들어서 광고하는 구름을 만들기, 화성에 건축하는 기술, 로봇 노동조합 규약 등이 A학점 받았던 주제들이다. 존재하지 않는 수업은 한 시인을 놀라게 했다.

미존이라

아이고 무지막지해
태어난 적 없는 것 낳으라니

카이스트에 가면
문술미래학 강좌 '미존학' 있네
국제 지식재산권 보유
IT 개척
열암熱岩 이광형 있네

가을 산들바람
그의 뒤 우는 얼
그의 앞 웃는 넋

어느 날 연구실 문 닫다가
아직 태어나지 않은 것
그것이 문 열었네

바로 그것

그것 하나하나
어디 가 찾아오네
뇌로
심장으로 흩어져
기어코 하나하나 찾아오네

대학이여
대학의 가설들이여
부디
이로부터 필수전공
암흑의 미존학 있어라

(무암, 〈허어, 대학 천 년 이래 미존학이라는 강좌 있네〉)

큰 것을 원하면 하던 것을 잊어라

몇 년 전에 카이스트 과학영재교육연구원에서 우리나라에서 큰 업적을 낸 국가 과학자 10여 명과 인터뷰를 했다. 현재 진행하는 연구 주제는 어떻게 정했는지 물었다. 대부분이 박사학위 후에 새로이 연구 주제를 정했다고 답변했다. 박사 과정에서 하던 일은 이미 다른 사람이 많이 하고 있는 경우가 대부분이다. 이미 오래된 문제이고, 경쟁이 치열하고, 새로운 연구 결과가 잘 나오지 않는 곳이다.

쉽게 말해서 기존 문제는 금광에서 터널을 이미 깊이 파 들어간 상태와 유사하다. 그곳에 가면 사람들이 많고 바글바글하다. 나도 여기 참여하면 뭔가 찾을 수 있을 것 같은 생각이 든다. 위안이 된다. 그러나 그곳이야말로 별 볼일 없는 곳이다. 이미 다른 사람들이 좋은 것은 다 파내어버려 나올 것이 별로 없는 경우가 많다. 아예 새로운 터널을 파야 한다. 이것이 바로 남들이 하지 않는 새로운 연구 주제를 잡는 것이다.

사람들이 별로 없는 곳에 가면 외롭고 불안하다. 혹시 내가 길을 잘못 들어서 헤매고 있는가 걱정이 된다. 연구 인용지수도 높지 않다. 이런 분야에 연구 논문을 출판해도 읽는 사람이 적어서 인용지수가 올라가지 않는다. 개척자는 언제나 외롭고 불안하다. 당연히 대성공을 기대하기 위해서는 위험을 감수해야 한다.

좁은 문으로 들어가라. 멸망으로 인도하는 문은 크고 그 길이 넓어 그리로 들어가는 자가 많고 생명으로 인도하는 문은 좁고 길이 협착하여 찾는 자가 적음이라.(〈마태복음〉 7장 13~14절)

연구할 때도 위의 구절이 딱 맞아떨어진다. 그러면 연구 분야를 어떻게 바꾸어야 하는가?

사람이 길을 갈 때 한 발씩 앞으로 간다. 두 발로 깡충깡충 뛰지 않는다. 연구에서도 한 발씩 바꿔간다. 한 발을 앞으로 내밀어보고, 좋다 싶으면 나머지 발을 이동시킨다. 두 발을 동시에 이동시키면, 갑자기 변해서 부작용이 생긴다. 현재 하던 연구를 중단하면, 몇 년간 논문이 나오지 않는다.

이광형은 연구 방향을 크게 두 번 바꿨지만, 큰 계획을 가지고 바꾼 것이 아니다. 새로운 분야를 개척해야겠다는 필요성과 시대적인 요구 때문에 컴퓨터에서 바이오 정보로 바꾸었고, 다시 바이오 정보에서 미래전략으로 무게중심을 이동시키고 있다.

3년 투자하면 새 전공이 생긴다

이광형은 자기 자신은 연구자로서는 성공적이지 않은 삶을 살았다고 보는 것 같다. 어느 한 가지를 깊이 파서 새로운 광맥을 개척하지 못했기 때문이다. 그러면서 연구자는 급한 논문도 쓰지만, 어느 한쪽 구석에서는 10년을 대비해서 무엇을 할까 고민하는 시간도 가져야 한다고 말한다.

대체로 전공이라면 박사학위논문 내용을 말하는 경우가 많다. 박사 연구의 세부 주제는 대부분 본인이 정하기보다, 지도교수 영향으로 정한다. 그것이 정말 하고 싶어서 하는 것이 아니고, 그 당시 연구실 상황을 봐서 하게 된다는 말이다. 그렇게 3~4년 연구하고 나서 박사 학위를 받으면, 그것이 그 사람의 평생 전공이 되어버리는 경우가 많고, 그 한계에서 벗어나지 못하는 경우가 적지 않다.

연구 주제가 본인이 진정으로 원해서 정한 것이 아니라면, 박사 학위를 받은 뒤에는 자신이 원하는 방향으로 이동하는 것이 좋다. 새로운 것 하고 싶다 할 때 쉽게 바꿀 수 있는가? 당연히 할 수 있다. 전공을 정해준 박사 학위 연구는 대체로 3년이다.

그러면 3년을 새로 투자하면 바꿀 수 있다. 한 번 박사학위 연구를 해본 사람은 경험이 많아서 바꾸는 게 더욱 쉽다. 시도하지 않아서 안 되는 것이지, 시도만 하면 당연히 된다.

그러므로 석박사 과정 때 지도교수가 준 주제를 잡고 연구해온 사람은 과감하게 버리고, 자기 것을 찾아 나서야 한다. 지도교수에게서 배운 것은 연구 방법이라 생각해야 한다. 자기가 연구 주제를 잡았어도, 혁신적인 것이 나올 가능성이 없다든지, 또는 이미 연구하는 사람이 많다고 판단되면 과감하게 버려야 한다. 그래서 내 마음속의 문제에 도전해야 한다. 이광형 자신도 이를 조금 더 일찍 알았더라면 더욱 기초적인 문제를 파고들었을 것이라는 회한이 있다고 말한다.

이광형은 프랑스 중부 도시 리옹의 인사INSA, Institut National des Sciences Appliquées de Lyon(국립응용과학연구원)에서 박사학위를 받았다. 인사는 우리나라의 카이스트와 비슷한 성격을 가진 곳으로, 학문적으로 치우친 다른 대학과는 달리 응용과학연구에 더 초점을 맞추고 있다.

이광형은 인공지능에 관한 페트리 네트Petri Nets 연구로 학위를 받았다. 이광형이 한국에 왔을 때 퍼지 연구가 인기를 끌었다. 같은 인공지능 분야였으므로 이 교수는 퍼지를 이용한 엘리베이터 연구 등으로 두각을 나타냈다. 2001년에 바이오및뇌공학과를 만들면서 이광형은 자연스럽게 자신의 전공과 연결시켰다. 인공지능을 이용한 바이오정보 분야로 확장했다. 그의 나이 47세였다.

전공 분야가 확장될 때 카이스트 교수의 특권이라고 할까, 좋은 학생들의 덕을 봤다. 전공을 확장할 때 걱정도 되지만, 다행스럽게도 우수한 학생들이 있어서 도움을 받는다. 학생들과 함께 공부하는 것이다. 우수한 학생들은 이해심이 많다. 학생들은 교수의 부족함을 함께 배워가는 그런 능력을 가졌다. 월급을 받으면서 배우는 것이다.

그런데 2010년, 또다시 적지 않은 나이, 56세에 새로 시작한 미래예측 분야는 지금까지 이 교수의 전공과는 조금 동떨어졌다. 그럼에도 불구하고 학문을 하다 보면 기본 철학은 비슷해서 옮겨놓으면 어느 정도 통하는 것이 있다. 기본 틀은 비슷한 면이 많아서 어느 정도 응용이 가능하다.

2015년에 이 교수를 만났을 때 바이오및뇌공학과는 자신이 없어도 잘 운영되고 있다고 말했다. 오히려 그가 빠져주는 것이 도와주는 일이 되어버렸다. 젊은 교수들이 많이 왔기 때문에 한정된 연구비와 자원을 그들에게 나눠주는 것이 오히려 좋은 결과를 가져온다. 만약 1억 원의 연구비가 생겼다면 그것을 원로교수가 차지하는 것보다는 젊은 교수들에게 나눠주면 큰 힘이 된다.

이런 상황에서 카이스트 안에서 미래전략대학원을 담당할 교수가 나오지 않자 이광형은 하는 수 없이 또 책임을 맡게 됐다. 이광형은 아예 새로운 분야를 공부해서 개척하는 도전으로 뛰어들었다. 각종 서적을 읽고 워크숍에 학술대회를 쫓아다녔다. 처음 그가 대학교와 석사 과정에서 공부한 산업공학이 도움을 주고 있다. 많은 사람들은 이처럼 전공을 확장하고 바꾸어가는 것이 가능하냐고 묻는다. 이런 질문에 이광형은 되묻는다.

"어느 특정 전공이라고 말하는 분들이 그 분야 박사학위를 받기 위해서 몇 년 공부했는지 생각해보세요. 길어야 3~4년입니다. 바꾸어 말하면, 3년 공부하면 얼마든지 전공을 바꿀 수 있습니다."

결국 시도하지 않으니, 불가능한 것처럼 보인다고 말한다. 더욱이 카이스트 교수는 우수 학생과 함께 있다는 특권을 가지고 있어서 더욱 쉽다고 이광형은 말한다. 교수들이 가진 특권이 뭐냐 하면, 교수가 생각한 것을 교실에 가서 설명하면 학생들이 피드백을 준다. 피드백을 바탕으로 다시 이론을 정립하면서 자신감도 갖게 된다. 미래전략대학원이 제안한 STEPPER 예측법도 이런 과정을 거쳤다.

포스트 AI는 무엇이 될 것인가?

이광형은 정년퇴임하기 전에 해야 할 일로 미술관 설립과 함께, 미래 세상을 연구할 '포스트 AI 연구소' 설립을 꼽는다. 세계 모든 사람들은 지금은 인공지능을 이야기하지만, 30년 전에는 인공지능에 큰 관심을 기울이지 않았다. 30년 전 이광형이 인공지능을 공부할 때 희망적이지 않았다. 주위에서 알아주지도 않았던 인공지능이 이제 은퇴할 때가 되니 모든 분야의 기본적인 도구로 성장했다.

그렇다면 앞으로 인공지능이 더욱 발전하고, 싱귤래리티Singularity 시대가 되면 인간은 어떻게 살고 무엇을 추구하면서 어떤 가치관을 가질 것인가? 인간이 추구하는 것을 해결하는 기술은 어떤 것이 있을까? 사람들은 어떤 즐거움을 누리고, 일자리는 어떻게 변화할 것인가? 인간의 뇌와 반도체 칩 사이의 경계는 어떻게 될 것인가? 카이스트 한쪽 구석에서는 인간의 삶과 미래에 대해 연구하는 사람이 있어야 나라가 튼튼해질 것이다.

그게 무엇인가? 그에게 물었더니 "나도 모른다. 그러나 탐구해야 한다"라는 답변을 내놓았다. 그러면서 덧붙인다.

"카이스트가 30년 후 세계 일류대학이 되는 방법이 하나 있다. 10년 안에 포스트 AI에 관련된 인지과학, 뇌과학·공학, 뉴로반도체, 뇌-기계연결 등의 분야의 교수 200명을 확보하는 것이다."

KAIST

7 리더

서열 1위 카이스트 거위

미래를 밝히는
사람

이광형은 정읍에서 비교적 부농의 아들로 태어났다. 부모는 매우 훌륭한 스승이었다. 아버지는 많이 배운 사람은 아니었지만, 겨울이 되면 사서삼경四書三經 한문책을 많이 읽었다. 아버지는 누구를 흉보거나 부정적인 단어를 사용하면 크게 야단치셨다.

"남 흉보는 일 하지 말라."

아버지의 그 엄한 말씀이 이광형 교수의 기억에 생생히 살아 있다.

"재수 없다, 운이 없다, 안 될 거야."

그런 부정적인 말을 할 때마다 아버지는 크게 야단쳤다. 이런 단어들도 입 밖에 나오지 못한다. 일생을 통해서 써본 적이 거의 없기 때문이다. "말이 씨가 된다. 운이 없다는 게 말이 되느냐?"

남을 흉보거나 운이 나쁘다고 핑계를 대거나 안 된다는 부정적인 말은 그에게 금기어다. 쓸데없이 걱정하는 것도 금물이었다. 걱정한다고 해서 바뀌는 것이 없다는 것이 아버지의 주장이었다.

"그럴 시간이 있으면 노력하라"고 했다. 걱정 대신에 노력은 상황을 바꿀 수 있다. 생각하면 아버지는 아주 훌륭한 미래학 선생이었다. 미래학의 기본은 이런 말이다.

"미래를 가장 정확히 예측하는 방법은, 미래를 창조하는 것이다."

미래를 소극적으로 맞이하는 사람에게는 미래는 어디선가 날아오는 확정된 것이다. 그러나 적극적으로 미래를 만들어가는 사람에게는 미래는 만들어가는 대상이 된다.

밥상머리 교육이 중요하다

어머니는 남에게 잘해야 한다는 가르침을 남겼다. "남에게 잘해야 한다"는 말을 수없이 되풀이했다. 집안에 먹을 것이 생기면 항상 동네 사람들에게 나누어주었다. 동네에 30가구가 살았는데, 자녀들은 식사하러 오시라는 연락을 하러 각 집을 돌아 다닌 기억이 많다. 음식을 배달하기 위하여 돌아다닌 기억도 많다.

어머니 계산법은 "지금 생각하면 인공지능 퍼지 계산법이었다"고 이광형은 회상한다. 다른 사람과 이해관계가 걸린 일을 할 때

'내가 손해를 보는 듯하라'는 것이다. 사람은 모두 자기 중심적으로 생각하므로 내가 조금 손해 본 것같이 나눠야 상대방은 그제야 공평하다고 생각한다고 말했다.

이광형은 학생 시절 장학금을 많이 받았다. 사대부고를 졸업하고 서울대, 카이스트 등 계속 국립학교를 다녔다. 심지어 재수 학원에서도 받았다. 정부 지원금으로, 다시 말해 국민 세금으로 공부한 셈이니, 그를 키워준 것은 대한민국 국민 전체인 셈이다.

인생의 흑역사라 생각하여 한 번도 말하지 않았지만, 이광형은 학원을 다니면서 재수생활을 했다. 전기 대학시험애 낙방하고 후기 대학시험은 보지도 않았다. 후기 시험 날에 친구들과 함께 강화도에 놀러갔다. 나중에 아버지가 이 사실을 알고 크게 기뻐하셨다는 말을 들었다. 대입에 낙방하고 풀이 죽어 있는데, 하루는 대성학원에서 편지가 왔다. 첫 달 학원비는 무료로 해주고, 다음 달부터는 성적에 따라서 장학금을 준다는 것이었다. 고등학교별로 아슬아슬하게 떨어진 학생들을 대상으로 편지를 보낸 것 같았다.

이광형은 "매달 시험을 봤는데, 학원비의 3분의 1 또는 3분의 2를 감면받았다"고 말했다. 학원 전체 600명 중에서 10등 안에 들면 전액 면제, 11~20등은 3분의 2, 21~30등은 3분의 1 면제였다. 매달 모의고사를 보고 장학금 대상자를 확인하는 것이 재수생활의 유일한 낙이었다.

장학금이 다소 위로를 주었지만 재수생활은 녹록치 않았다. 닭

장같이 좁은 강의실에서 종일 공부하다가 쉬는 시간이 되면, 창가에 나와 금붕어가 숨 쉬듯이 공기를 마셨다.

그런 경험 때문에 지금도 이 교수는 공기 순환에 무척 신경을 쓴다. 도곡 캠퍼스 강의실을 보면, 겨울이나 여름에는 하루 종일 문을 닫은 채 수업을 하는데 이를 본 이 교수는 "창문을 열고 환기하라"고 다그친다. 학생들은 교수가 왜 그런 것까지 신경 쓰는지 모를 것이다.

병역도 카이스트에서 병역특례로 마쳤다. 프랑스 유학도 프랑스 정부 전액 장학금으로 해결했다. 사회의 온통 특혜를 받으며 자랐으니, 사회에 진 빚이 매우 크다고 그는 말한다. 아직도 이광형은 이 빚의 무게가 크다고 느끼는 것 같다. 어떻게 갚을 것인지 말하곤 했다.

선생님은 일생에 영향을 미친다

학생 때 선생님에게 들은 말은 잊히지 않고 오래간다. 좋은 일을 기억하기도 하지만, 나쁜 일은 더 선명하게 남는다.

이광형은 정읍에서 초등학교를 졸업하고 서울사대부속중학교로 진학했다. 학교 부근 용두동에서 하숙을 했다. 긴장되는 입학식 날, 다른 학생들은 모두 부모님과 함께 왔지만, 그는 혼자 도착했다. 입학식 후에 각자 정해진 반으로 갔지만, 이광형은 건물이 헷갈려 뒤

늦게 1학년 1반으로 갔다. 늦게 나타난 어리바리한 학생에게 선생님은 "너의 번호는 61번"이라고 말했다. 이광형은 학생들의 웃음소리를 들으면서 빈자리에 앉았다.

그 반에서는 학생들을 키 순서로 줄 세워서 번호를 정해줬다. 1번이 가장 키가 컸고 60번이 가장 키가 작았다. 그는 키가 중간 정도였기 때문에 중간 번호를 받아야 했지만, 한 번 정한 것을 바꿀 수 없다는 듯이 담임선생님은 그를 맨 뒷번호를 주어 61번이 됐다. 그 당시는 한 반에 61명이나 되는 콩나물 교실이었다.

그뿐만이 아니었다. 어떤 이유인지 모르게 가장 뒷자리에 키 큰 학생들 틈에 끼어 앉아야 했다. 1년 내내 열네 살 시골 학생이 겪었을 좌절감과 당혹감 그리고 무시당했다는 수치심은 결코 작지 않았다. 학교 생활에 흥미를 잃어갔으며, 자연히 학교 성적은 바닥권을 맴돌았다. 매일 숙제를 안 해서 앞에 나가 손바닥 맞는 일이 계속되었다.

2학년으로 진학하면서 담임이 이명수 선생님으로 바뀌었다. 키에 맞게 번호도 조정이 됐다. 영어를 가르치셨던 이명수 선생님은 수업 시간에도 정읍 학생에게 질문하며 답해보라고 시키기도 했다. 2학년에 올라와 첫 번째 중간시험을 봤는데 반에서 과목별로 1~2등을 했다. 선생님께서 관심을 가져주니까 성적이 쑥 올라갔다. 2학기 때에는 부반장에 당선되었다. 다른 학생들이 부러워하는 방송반에 들어가기도 했다.

학생의 기를 살려주는 말투

이광형은 "교수가 되어서도 중학교 시절이 계속 생각나는 것을 보면, 사소한 것이 아주 중요한 것임을 깊이 깨닫는다"고 말한다.

어떤 학생의 박사 논문심사가 있었다. 이 학생은 언제나 발표에 자신감이 없다 보니 우물우물 말이 입속으로 들어갔다. 이광형은 6개월 전에도 야단을 쳤었다. 순간, 이 교수는 중학교 때 이명수 선생님을 생각했다. 무슨 말을 해야 할까? 가르치는 입장에서 잘 못하는 것을 잘한다고 할 수는 없는 일이다. 잘 못하는 것을 잘하도록 해주는 일이 교수가 존재하는 이유다.

교수는 학생에게 물었다.

"학생은 발표를 두고 연습을 몇 번 했나?"

"시간이 없어서 연습 못 했습니다."

"연습을 하라고 연습을, 열 번 연습하라고."

'연습을 했는가?'라고 물음으로써 교수는 책임을 연습으로 돌렸다.

학생도 연습을 안 했다고 함으로써 그 책임을 연습으로 돌렸다.

6개월 뒤 다시 발표하기 전 교수는 이렇게 말했다.

"이번에는 연습을 많이 해봐."

확실히 학생은 기대에 부응해서 많이 좋아졌다. 교수는 다른 여러 학생들이 들으라는 듯이 이렇게 말했다.

"잘했어. 너 이제 됐다. 잘했다. 연습 몇 번 했냐?"

"열세 번 했습니다."

"그래, 되잖아."

교수는 일부러 다른 학생들이 모두 다 들으라는 듯이, "너 이제 됐다"고 선언했다.

학교에서 약간 말을 더듬는 다른 학생이 있었다. 동네 웅변학원을 다니라 권유했다. 부산에서 학술대회가 열렸을 때 그 학생은 성공적으로 발표했다. 교수는 그 학생을 별도로 찾아 성공적인 발표를 축하한다고 말해주었다.

젊을 때의 고생은 약이다

이광형은 사대부중을 거쳐 사대부고로 진학했다. 사대부고가 1년에 약 70명 가량을 서울대에 합격시키던 시기였다. 재수생이 20여명 정도, 재학생이 50여 명 합격했다. 그중 서울대 공대에 열 명 정도가 합격했으니, 이광형은 합격할 것이라 생각했다. 그러나 서울대 공대 입학시험에 낙방했다. 모의고사 성적에서 합격권에 있었기 때문에 실망이 컸다.

1년 동안 입시 재수 학원을 다니며 반성했다. 실패의 원인은 잔꾀를 부렸기 때문이었다. 수학 주관식 문제 여섯 개 중 두 개를 못 풀었다. 기출문제에 많이 나오는 부분 중심으로 공부하고 잘 나오지 않는 곳은 소홀히 했는데, 바로 그 도끼에 발등이 찍힌 것이다. 요행을 바라면 안 된다는, 엄청나게 큰 교훈을 얻었다.

두 번째 교훈은 힘들어도 절망하지 않는다는 것이었다. 재수 생활 중 사회가 싫고 대학생만 봐도 증오심이 올라왔다. 바닥으로 떨어져본 경험은 자신을 겸손하게 만들어준 것 같다. 힘든 일이 생겨도 '그러려니' 하는 습관도 생겼다. '젊어서 고생은 약'이라는 말이 정말 맞다고 말한다.

이 교수는 둘째인 아들이 허약하다고 생각했다. 항상 어떻게 하면 강하고 자립심을 길러주느냐에 초점을 맞추었다. 군대 갈 나이가 되었다. 이 교수는 해병대를 권했다. 이왕 가는 군대, 화끈하게 배우고 오라고 말했다. 아들이 해병대에 지원할 의향을 보이자, 집 안에 난리가 났다. 해병대가 어떤 곳인데 자원해서 가느냐고. 정말 가려면 영화 〈실미도〉를 본 후에 결정하라는 조언이 있었다. 그 당시 영화 〈실미도〉가 유행하고 있었다. 가족이 모두 영화관에 갔다. 영화 보는 동안 계속 아들의 눈치를 살폈다. 영화관을 나서면서 아들이 "한번 해볼 만한 것 같다"고 말했다. 해병대를 제대한 아들은 완전히 새로운 사람이 되었다. 무서운 것, 힘든 것을 만나면, 해병대보다 쉽다고 말한다.

인생을 바꾼 한마디

이광형은 서울대 산업공학과를 나와 카이스트 석사를 졸업하고 아주대학교에서 조교 생활을 했다. 아주대학 조교로 1년을 마치고 아주대 추천을 받아서, 프랑스 정부 장학생 신분으로 유학을 떠났다.

프랑스 중부 지방의 그르노블 대학 어학센터에서 어학 공부를 하다가, 전혀 생각하지 못한 큰 혜택을 받았다. 프랑스 경영자협회가 주관하는 경영학 집중 수업이 있다는 것을 알게 되었다. 그르노블에서 가까운 알프스 산속에 코롤 산장이 있다. 이곳에서 두 달 동안 학생들을 합숙시키면서 매일 경영학 공부를 시켰다. 미래 경영자를 키우기 위하여 우수한 학생과 일반인을 대상으로 하는 아주 비싼 특수교육이었다. 프랑스 정부 장학생은 무료로 공부할 수 있었다. 50명의 학생들은 경영학 원론부터 조직관리, 재무관리, 인사관리, 조직행동, 생산관리 등을 배웠다.

이광형은 전공을 산업공학에서 컴퓨터로 바꿔서 리옹에 있는 인사 대학으로 옮겼다. 인사 대학 수업은 예상과는 많이 달랐다. 교수들은 무척 말이 빨랐고, 딱 정해놓은 책은 없고 이 책 저 책을 옮겨가면서 수업을 진행했다. 하는 수 없이 동급생들 노트를 빌려 복사를 해야 했다. 한 사람에게 계속 빌리면 미안하니까 오늘은 이 친구에게, 내일은 저 친구에게 노트를 빌렸다.

그러나 친구들도 필기하느라 급히 날려 쓰니까 노트를 읽을 수가 없었다. 서로 다른 필기체를 매일 새로 익혀야 하는 것도 어려웠다. 그래서 꾀를 낸 것이, 노트 빌릴 학생을 두 명 지정해놓고, 그 학생들의 것만 빌려 글씨체를 익혔다. 주말이 되면 두 명의 노트를 비교해가면서 자신의 노트를 완성했다. 이렇게 노트 필기를 하니 공부가 확실하게 되었다. 학기말에 시험공부를 하는데, 이광형이 가장 잘 이해하고 있다는 것을 알았다. 이번에는 노트를 빌려주었던 친구들을 가르쳐주었다. 물론 시험 점수도 좋았다. 친구들이 이상한 눈으로 보기 시작했다.

프랑스 사람들의 눈에 1980년대 초반 한국에서 온 학생은 별 볼일 없어 보였을 것이다. 속으로는 무시했을 아시아 국가의 한 학생이 말도 더듬더듬하며 학과 사무실을 왔다 갔다 했으니 특별히 관심을 기울일 일도 없었을 것이다. 반전은 아주 사소한 일로, 전혀 기대하지 않게 들이닥쳤다.

1981년 어느 날, 인사 대학의 컴퓨터 학과 사무실에 들렀는데, 두 명의 사무원이 쩔쩔 매면서 신형 타자기를 만지고 있었다. 고장이 난 것이다. 데스크톱 컴퓨터나 노트북이 보급되기 전에는 모두 사무실에서 타자기를 사용했다. 보통 타자기는 활자 한 개에 글자 한 개가 있는 부채살 같은 모양이었다. 이때 새로 나온 것이 볼ball 타자기와 휠wheel 타자기였다. 탁구공만 한 볼에 수십 개의 활자가 달려 있어서, 이 볼이 돌아가면서 활자를 찍어주는 것이 볼 타자기이다. 휠 타자기는 활자를 바퀴처럼 원형으로 동그랗게 배치한 것이다.

당시로서는 상당한 신기술이다 보니 학과 사무원들이 단순한 고장에도 당황해했다. 하지만 한국 유학생의 눈에는 매우 간단해 보였다. 사무원들에게 이러저러하게 해보라고 했더니 타자기가 정상으로 돌아왔다.

과 사무원은 이렇게 말했다.

"천재네Il est doué!"

자기들이 헤매 난처했던 상황을 해결해주니까 고마워서 의례적으로 한 말일지도 모른다. 그러나 동양에서 온 어리바리한 학생에게는 자신감이 쏟아지는 엄청난 효과를 낸다. 설마 그것 때문이었겠어? 생각할지 모르겠다. 하지만 이광형은 '그때부터 내 인생이 바뀌지 않았을까?' 하는 생각이 들 정도로 "그 말은 엄청나고 무시무시한 영향력을 남겼다"고 회상한다.

자신의 친절한 그 한마디가 오늘날의 이광형 교수를 만드는 데 중요한 밑바탕이 되었다고 하면, 그때 그 과 사무원은 과연 믿을 수 있을까?

사람의 인생이란 이런 것이다. 이광형이라는 사람에게 가장 큰 영향력을 준 것은 프랑스가 자랑하는 고속전철 TGV도 아니고, 미술사에 큰 획을 그었던 화가들의 걸작들도 아니었다.

지금도 세계 구석구석에서는 사소함과 중요함을 떠나, 그 순간 정확한 말을 함으로써, 자기도 모르게 엄청난 영향력을 발휘하는 많은 사람들이 있다. 이것이 바로 삶의 감춰진 비밀 중의 하나요, 무슨 일을 하든지 자기 자리에서 자부심을 가질 수 있는 이유가 될 것이다.

괴짜가 없는 곳에는 창의성도 없다

카이스트는 좋은 교수들을 잃은 경험이 있다. A교수는 벤처기업을 일으켜서 매우 좋은 성과를 내고 있었다. 그러나 학과 내의 평가는 별로 좋지 않았다. 학교 사무실을 지키는 시간이 적다는 둥 여러 가지 이유가 뒤따랐는데, 따져보면 동료 교수로서 편하지 않다는 느낌이 많아 보였다. 그 A교수는 외부에 가면 항상 박수를 받는데, 내부에서는 그에 해당하는 대접을 받지 못했다. 2005년쯤의 일이다. A교수가 사표를 제출했다. 학과에서는 사표를 수리해야 한다는 의견을 냈다. 이광형 교무처장은 적극적으로 붙잡아야 한다고 말했지만, 총장은 사표를 수리했다.

소설가인 B교수가 있었다. 학과장은 B교수에게 일반 교수들처럼 논문을 쓰도록 요청했다. B교수는 자신의 창작을 소설의 형태로 나타나는 것이기 때문에, 굳이 논문을 쓸 필요가 없다는 태도였다. 소설가인 B교수를 발굴하여 학교에 오게 한 사람이 이광형이었다. 중재하려고 노력했지만, 서로 의사를 굽히지 않았다. 화가 난 B교수는 이번 기회에 전업 작가가 되겠다고 선언하고 교수직에서 물러났다. 대학 사회에는 자신들과 다른 특별한 사람을 인정하지 않으려는 풍조가 있다. 마음에 들지 않으면 다른 이런저런 이유를 들어서 괴롭힌다.

대학의 생명은 창의력이다. 똑같은 사람들만 모여 있으면 새로운 생각이 나오기 어렵다. 이광형은 "일부는 이상한 괴짜들이 있어야 한다"고 강조한다. 학교 내에 괴짜 교수는 많이 보이지 않는 것을 안타까워한다. 이상해 보이면 초빙하지 않거나, 괴짜 특성을 가진 사람들도 순치되었기 때문일 것이다.

이광형에게 가장 힘든 것은 그가 교무처장으로 있을 때 재계약이 안 되거나 승진에 탈락해서 나가는 동료들을 상대해야 하는 일이었다. 카이스트에서 나가야 하는 사람이 10여 명 정도 됐다. 규정과 인사위원회의 엄격한 결정에 따른 것이라, 어떻게 할 수는 없는 일이었다. 그들이 다른 곳에서 자리를 잡을 수 있도록 초빙 교수나 임시 위촉 교수로 자리를 잡도록 도와줬다. 총장 결재가 필요한 일도 아니므로 교무처장 선에서 할 수 있는 일이었다. 이광형은 "교무처장을 하면서 다행으로 생각한 것이 한 번도 소송이 들어오지 않았다는 점"이라고 말한다. 공식 업무 때문에 '안 된다'고는 했지만, 권한 안에서는 어떻게든 여러 방법으로 도와주려고 했기 때문일 것이다.

뻣뻣해진 목을 고쳐준 '거꾸로 TV'

교무처장을 1년쯤 하고 나니 어느새 목을 뒤로 젖히고, 안 된다고 하는 자신을 발견했다.

"목을 뒤로 젖히고 '안 된다'고 오늘도 그 일을 하고, 내일도 그 일을 할 생각을 하니, 갑자기 엄청난 위기감에 둘러싸이고 말았다"고 한다. 이 위기에서 어떻게 벗어나야 할까? 세상을 다른 관점에서 봐야 할 것 같았다. 어떻게 해야 상대방 입장을 잘 헤아릴 수 있을까?

어느 날 이광형은 거울을 보면서 곰곰이 생각했다. 거울은 사람 모습을 완벽하게 보여주지 않았다. 거울은 좌우를 바꿔서 보여주고 있었다. 그런데도 너무나 자연스러웠다. 거울은 좌우를 바꾸는데, 상하는 왜 안 바꿔서 보여줄까? 이런 의문이 떠올랐다. 좌우가 바뀌는 것은 자연스럽게 여기는데, 나는 과연 상하가 바뀌는 것을 자연스럽게 생각할 수 있을까?

며칠 동안 이 생각이 이광형을 떠나가지 않았다. 사무실을 둘러보니 텔레비전이 눈에 들어왔다. 저 텔레비전을 옆으로 놓아볼까 했다. 처음에는 90도로 돌려봤더니 사람이 옆으로 누워서 나왔다. 뭔가 부족한 것 같았다. 한 번 더 돌려서 완전히 뒤집어놓았다. 모든 것이 뒤집혀 보였다. 텔레비전을 뒤집어놓고 하루에 10분 이상 봐야 효과가 있을 것 같아, 되도록 긴 시간을 켜놓으려고 노력했다.

뒤집힌 텔레비전을 가장 잘 이해한 사람은 안철수의 부인인 김미경 교수일 것이라고 이광형은 생각한다. 안철수·김미경 부부가 미국에서 유학을 마치고 돌아올 때, 여러 대학에서 초빙하려는 의사를 밝혔다. 카이스트도 그중 하나였다. 두 사람은 가능한 한 부부를 같이 채용해주는 곳으로 가려고 했다. 그러다가 카이스트로 인터뷰를 하러 왔다. 면접을 보기 위해 교무처장실에 왔다. 부인 김미경 교수는 뒤집힌 텔레비전을 보더니 저게 뭐냐고 물었다.

약간의 설명을 곁들여 "거꾸로 보려고 뒤집어놓았다"고 간단히 설명하고 지나쳤다. 몇 년 뒤 〈중앙일보〉에 김미경 교수 인터뷰 기사가 실렸다. 김미경 교수는 기자에게 "혹시 카이스트 이광형 교무처장실에 가보셨나요? 텔레비전이 거꾸로 놓인 것을 보고, 여기 오면 뭐든지 할 수 있겠다 싶어서 카이스트로 정했습니다"는 취지로 말했다.

어느덧 치열한 연구공간의 의자를 하나씩 둘씩 젊은 후배 교수들에게 넘기면서, 이광형은 자신의 자리가 좁아지는 것을 아쉬워하는 대신 새로운 분야를 계속해서 뚫고 나갔다. 이렇게 해서 나온 또 하나의 작품이 '3차원 창의력 개발법'이고 '3차원 미래예측법'이다.

열등감을 에너지로 승화시키는 법

그는 프랑스 유학 4년 동안 장학금과 생활비를 전액 지원받았다. 우리나라가 프랑스에서 원자력 발전소를 구입한 보답으로, 프랑스 정부가 한국 유학생을 초청하여 공부시키는 프로그램이 있었다.

사람들은 그가 머리가 명석한 사람이라고 평가하지만, 머리가 좋다기보다 엉덩이가 무거운 편이었다고 기억한다. 놀고 술 마시고 할 시간에 혼자서 끊임없이 노력한다. 젊은 시절에 술 마시고 잘 놀며 공부도 잘하는 친구들을 보면 '쟤들은 공부도 잘하고 놀기도 잘하는구나'라며 무척 열등의식을 느꼈다. '취미 하나는 갖고 있어야 한다'는 말도 그에게는 사치였다. 특히 재수생 출신으로 대학과 대학원에 들어가보니, 날고 기는 사람들이 많았다. 놀기도 잘하고 공부도 잘하는 것이었다. 이광형은 항상 의기소침하게 지냈다고 그 시절을 회상한다.

유학할 때에는 일주일에 7일을 공부했다. 다른 학생들은 금요일 오후만 되면 들썩거렸지만, 이광형은 일주일에 7일을 아침 9시부터 저녁 9시까지 거의 하루도 빠지지 않고 연구실에서 공부했다. 일주일에 5일 공부하는 사람에 비해서 5분의 2, 즉 40퍼센트나 더 공부를 많이 하게 됐다. 그만큼 더 성과를 내니, '무슈 리Mr. Lee'란 사람이 머리가 명석한 사람이라는 말이 나오기 시작했고 사람들에게 인정받기 시작했다.

방학 기간에는 더 차이가 났다. 한 달 이상 휴가를 떠나는 프랑스 대학의 여름 캠퍼스는 텅 비어 있다. 빈 건물을 밤늦게까지 지키는 이는 한국에서 온 '무슈 리'였다. 아무도 나타나지 않는 건물에 나타나서 매일 문을 열어달라고 하자, 경비실에서 별도의 열쇠를 만들어주었다. 남들이 쉴 때도 열심히 일하는 만큼 당연히 유학 기간도 단축되었다.

이런 생활은 귀국해서도 마찬가지였다. 교수로 부임하여 연구를 하느라 정신이 없었다. 다른 사람과 사귀고 소통할 기회가 적었다. 점심시간에 사람들이 어제 함께 어울리고 놀던 이야기를 하는 것을 들으면 "열등의식과 함께 소외감을 느끼며 살았다"고 말할 정도이다.

어쩌다 자신을 칭찬하는 말을 듣는 경우가 있었다. 그때마다 마음속으로 스스로에게 속삭였다. '이분들이 나의 진면목을 몰라서 그러는 것이다. 사실은 그렇지 않다. 절대 겸손해야 한다.'

이광형의
리더십 9원칙

원칙 1. 꿈으로 사람의 마음을 움직여라

1990년대 후반이 되어, 정교수로 승진하고 여유가 생기기 시작할 즈음에 정문술 회장을 만났다. 2001년 그에게서 300억 원이라는 거금을 기부 받았다. 40대 후반의 아직 젊은 교수는 그제야 주위를 제대로 둘러보기 시작했다. 혼자 할 수 있는 일에는 한계가 있음을 깨달았다. 어깨가 무거워졌다.

술을 마시지 못하니 술자리가 있으면 가능하면 피했다. 회식이 있을 때도 밥만 먹고 먼저 헤어졌고, 술을 권해도 마시는 흉내만 내고 입에 대지 않았다. 그런데 사람들과 어울리기 위해서는 싫은 것도 해야 하는 경우가 있었다. 술자리에 가서 한 잔이라도 마시려고 노력해야 한다는 데 생각이 미쳤다. 마시지 못하는 술을 한두 잔 정도 괴로워하면서도 조금만 마셨다. 즐겁지 않았다.

기부금을 잘 사용하려면 사람들과 함께해야 했다. '내가 리더십이 부족한 것은 아닐까' 하는 생각에 한국리더십센터에서 리더십 교육도 받았다. 내용이 좋아서 다시 1박 2일 교육을 더 받았고, 나중에는 카이스트에 그러한 교육 과정을 유치해서 지금도 리더십센터가 운영되고 있다.

한 사람이 할 수 있는 것은 한정돼 있으니, 중요하거나 큰일을 하려면 사람의 마음을 움직여야 한다. 사람의 마음을 움직이는 방법은 일반적으로 돈이나 권력이다. 돈이나 권력 없이도 사람을 움직이려면, 꿈을 공유해야 한다. 사랑도 사람을 움직인다. 앞선 사람이 여러 가지를 양보하고 솔선수범할 때 움직인다.

이광형은 새로운 학과를 만들 때 그런 과정을 겪었다. 새로운 것을 개척해보자는 도전에 뜻을 같이하는 사람들이 모여 일했다. 꿈을 같이하면 사람들이 움직인다. 이럴 때 앞에 선 사람은 솔선수범하고, 사랑을 품고 있어야 한다. 겉으로 아끼는 척하고, 속마음은 달리하면 안 된다. 겉모습과 속마음이 일치해야, 존중하고 사랑하는 마음이 겉과 속이 똑같아야 한다.

정문술은 최근에 필자를 만났을 때, 이광형에 대해 "겉과 속이 똑같은 사람", "언행이 일치하는 사람"이라고 평가했다.

원칙 2. 사심을 버리고 대의를 좇아라

대부분의 사람은 마음속에 공익을 위하고 싶은 마음이 있다. 이것을 '대의大義'라고 말하는 것 같다. 대의가 서 있으면, 웬만하면 동참하고 싶은 마음이 있다. 그래서 일을 하려면, 대의를 앞세워야 한다. 거기에 사심私心을 끼워 넣으면 안 된다. 사람들은 눈치가 빠르다. 조금이라도 사심이 들어 있으면 금방 알아차린다. 사람들은 항상 혹시 사심이 있는가 눈을 부릅뜨고 쳐다보고 있기 때문이다.

이광형이 한 일은 대부분 국가와 사회에 도움이 되는 일이었다. 조금도 사적인 이익을 추구하지 않았다. 기부금을 사용할 때 "개인을 위해서는 절대 사용하지 않는다"는 원칙을 세우고 또 지켰다. 기부금을 어떻게 쓰는지 관찰하고 의심하던 사람들은 점차 그의 뜻에 동화되어 갔다.

마침내 학과가 만들어지고 학과장을 선임해야 하는 단계에서 이광형은 다른 교수를 학과장으로 추천했다. 자리를 양보해야 사람들의 마음을 얻을 수 있기 때문이었다. 이광형은 두 번째 학과장이 되었다.

미래전략대학원에 참여하는 여러 교수들에게 특별한 보상이 없지만, 이 같은 이유로 교수들의 참여도가 매우 높다. 각자 소속 학과도 다르고, 개인별로 전공 연구와 교육에 바쁘다. 그러나 한번 좋은 일 해보겠다는 대의에 따라서 희생을 하고 있다. 이것을 '희생'

이라 생각지 않고 '보람'이라 생각한다. 결국 '희생'과 '보람'은 동의어인 셈이다.

원칙 3. 눈앞의 이익보다 신의를 우선시하라

이광형은 학회장을 네 번 역임했다. 한국지능시스템학회장, 생물정보학회장, 과학기술연구회장, 미래학회장이다. 개인적인 이익을 위하여 학회를 이용한 적이 없다. 학회장의 역할은 대외 협력을 하고, 외부에서 돈을 끌어와서 학술행사가 풍성하게 진행되도록 하는 것이다. 오직 학문의 발전을 위한 일만 강조했다.

사람들은 보상을 많이 바라는데, 어떤 일이든지 좋고 선한 일을 하면 결국 보상이 온다. 그 보상이 지금 오는가 1년 뒤인가 혹은 10년 뒤인가 하는 차이가 있을 뿐이다. 어떤 보상은 죽은 다음에 오고, 심지어는 몇백 년 뒤 자손에게 찾아오는 경우도 있다.

외부 회사에 자문을 해주고 그러면서 '자문료를 얼마 주려나' 그런 생각은 하지 않는 것이 좋다. 어떤 사람은 첫 번 미팅 후에 자문료가 어떻게 되는가 궁금해한다. 그러면 오래가지 못하고 관계가 끊어지곤 한다. 이광형은 "이해관계의 계산을 10년 후에 한다고 생각하면 계산법이 달라진다"고 설명한다.

10년짜리 계산법을 가지고 임하면, 이해관계도 신의의 관계로 발전하기도 한다. 그러면 이해관계가 끝이 나도 계속 이어지게 된다. 그리고 보상은 오랜 시간을 두고 계속된다. 처음에 이해관계로 만났다 하더라도, 사심 없이 헌신하는 모습을 보이면, 신의의 관계로 발전될 수 있다.

여러 제자들이 벤처기업을 시작하여 운영하는 과정을 본 이광형은 "회사의 크기는 그 창업자의 그릇과 비례한다"고 말한다. 초기 멤버들이 단기간의 이익에 치중하면 주위에 좋은 사람들이 모이지 않는다.

회사란 성장하는 과정에서 새로운 인재가 영입되어야 한다. 우수한 인재를 영입하려면 주식을 제공해야 하는 경우가 생긴다. 이때 대표가 자신부터 솔선수범하여 너그러운 자세로 임하는 회사는 흥하지만, 자신의 몫에 집착하다가 스스로 자멸하기 쉽다.

원칙 4. 끝까지 포기하지 말라

인류의 문화유산인 성경을 보면, 욥이라는 사람의 고난을 기록한 〈욥기〉 8장 7절에 아래와 같은 구절이 있다.

"네 시작은 미약하였으나 네 나중은 심히 창대하리라."

아무리 어려운 일을 맞았을지라도, 뜻이 좋다면, 끝까지 참으면 창대한 결과를 얻으리라는 교훈이다. 이광형이 좋아하는 구절이다.

겉모습은 온순해 보여도 이광형은 쉽게 포기하지 않는다. 아무리 어렵더라고 포기하지 않으면 가능성은 0보다 크다. 바이오및뇌공학과를 처음 시작할 때, 과학 저널리즘 대학원, 지식재산대학원을 만들 때도 막막했지만, 포기하지 않았다. 카이스트 교수니까 쉽게 진행했을 것이라는 생각은 크나큰 오해다.

그가 처음 3차원 창의력에 관한 책을 한국어로 냈는데 반응이 좋았다. 출판사에 영어로 번역해서 국제적으로 발간하고 싶다고 했더니 '어렵겠다'는 답변이 돌아왔다. 그런 예가 없다는 것이었다. 신경숙 작가의 책을 비롯한 여러 한국의 저서들이 번역되지 않았느냐 물었지만, 그것은 문학서적이고, 교양서적은 그런 사례가 잘 없다고 출판사에서 말했다. 그래서 물어봤다.

"시도는 해봤습니까?"

"안 해봤습니다."

시도도 안 해봤으니 없었던 것이다. 그래서 그가 직접 나섰다. 번역 회사의 도움을 받아서 영어로 번역했다. 이제는 어떤 출판사를 찾느냐 하는 문제만 남았다. 과거에 영어책을 두 권 내긴 했지만, 그것은 전공서적이라 비교적 진행이 쉬웠던 것이고, 창의력에 관한 서적은 교양서적이라 사정이 달랐다.

그는 무작정 웹사이트를 뒤지며 외국 출판사를 찾았다. 웬만한 출판사는 원고를 개인으로부터 받지 않고, 에이전트를 통해서 접수하고 있었다. 그래서 직접 원고를 받는 출판사 19개를 골라서 다짜고짜 이메일을 보냈다. 원고 일부를 보내면서 출판 의사를 타진했다.

다음 날 새벽에 일어나서 컴퓨터를 켰다. 두 군데서 답장이 왔다. "I am sorry"로 시작하는 메일이었다. 실망했지만, 마음가짐을 다시 고쳐먹었다. 아직 남은 출판사가 17개나 되었다. '그러면 17개는 희망이 있구나.' 한번 고쳐먹으니까, 부정적인 생각은 허용되지 않았다. 간간이 회답이 왔는데, 한결같이 관심이 없거나 출간이 어렵겠다는 말이었다.

한 달쯤 지나서 긍정적인 회신이 하나 왔다. 미국 출판사에서 "중고교 교사용으로 만들면 좋겠는데 고쳐 쓸 수 있느냐"고 요청했다. 다시 고쳐 쓰는 일은 새 책 만드는 작업과 비슷했다. 몇 달 지나서 고쳐 쓴 원고를 보냈으나 거절하는 편지가 왔다. 이광형은 '고교 교사용으로 쓴다'는 말이 무엇을 의미하는지 잘 몰랐던 것 같다고 말한다.

그래도 끝난 것이 아니었다. 카이스트가 스프링거 출판사와 공동협력하는 프로그램이 생겨났고, 결국 《이광형 교수의 3차원 창의력 개발법》 영어판 서적은 스프링거 출판사를 통해서 2014년 6월에 간행됐다. 영어로 출판을 결심한 지 2년 만이었다. 이전에도 영어로 된 저서를 출간한 적은 있지만, 기존의 이론을 알기 쉽게 풀어 쓴 것이었고 이번에는 완전히 독창적인 내용이었다.

원칙 5. 항상 정도를 지켜라

앞서 소개했던 김영달 박사의 창업 과정에 관한 스토리이다. 초기에 두 번의 큰 유혹이 있었다. 김영달 학생이던 시절, 아이디스를 시작할 때 비슷한 아이디어로 출발한 T회사가 있었다. 이 회사는 다른 유명대학의 교수진이 참여하여 처음부터 언론에 오르내렸다. 교수 25명이 창업 주주로 참여했다는 자체가 뉴스거리가 되었다.

T회사에 투자금이 몰려들었다. 이제 막 시작한 회사에 수십억의 돈이 생기자 벌써 성공한 듯 보일 정도였다. 김영달과 심각하게 협의했다.

"어떻게 하지요? 우리도 홍보를 해서……."

"우리는 기술 중심으로 갑시다. 우리도 홍보하면 돈은 얼마든지 모을 수 있을 겁니다. 그런데 저 사람들은 지금쯤 돈 세느라 기술 개발을 하지 못하고 있을 거예요."

아이디스는 이렇게 첫 번째 유혹을 뿌리쳤다.

두 번째 유혹은 몇 년 후에 왔다. T회사가 곧 코스닥에 상장할 예정이라는 소식이 전해졌다. 코스닥에 주식을 상장하려면 일정 규모의 매출액이 있어야 한다. T회사는 자체 제품의 매출로는 그 기준을 넘을 수 없다. 그래서 다른 제품을 수입하여 판매함으로써 매출액을 늘리고, 그 실적으로 코스닥에 상장하려는 것이었다.

특정 업종에서 가장 먼저 코스닥에 상장하면, 그 업종의 대표 회사처럼 알려지는 효과가 있다. 초창기에 선두회사로 인식되는 것은 큰 프리미엄이다. 그래서 대개 서두르는 것이다. 다시 협의했다.

"우리도 매출액을 늘릴까요?"

"아니, 우리는 정도로 가지요. 저 사람들은 저렇게 딴짓하면서, 언제 기술을 개발하는지 모르겠습니다. 본질에 충실한 자가 최종 승자가 될 것입니다."

T회사는 지금 이름도 없이 사라져버렸다.

원칙 6. 본질을 타협하지 말라

지식재산대학원, 과학 저널리즘 대학원을 설립할 때였다. 학생들은 대부분이 직장인이었고 주말과 야간에 수업을 했기 때문에, 학생들이 다소 야간대학원 다니는 마음가짐으로 입학했던 것 같다. 출결 체크도 다소 느슨하게 하고, 시험도 쉽게 내는 것을 기대하는 듯했다.

이광형은 카이스트에 걸맞은 엄정한 학사관리를 강조했다. 매시간 퀴즈 시험을 봤다. 출결 체크는 매우 엄하게 시행했다. 다른 학과에서 없는 석사논문 예비심사를 하여 학생들을 힘들게 했다. 공학 수업을 다섯 개나 필수로 지정하여 인문계 배경의 학생들은 치열하게 공부해야 했다. 이러한 모든 방침에 학생들의 불만이 고조되었다.

교수 학생 간담회가 열렸다. 모든 불만을 들은 이광형은 다음과 같이 말했다고 한다. "좋은 의견 감사합니다. 우리 학과는 신생이라 개선해야 할 것들이 많습니다. 그러나 양보할 수 없는 것이 학사관리입니다. 대한민국에는 많은 대학들이 있습니다. 카이스트만 있는 것이 아니지요." 이렇게 시작한 대학원이, 지금은 불만의 대상이던 요소들이 대학원의 특장점이 되어서, 그것 때문에 이 대학원에 입학하고 싶다는 사람들이 늘어나고 있다. 본질에 충실하지 않고 적당히 타협했더라면, 오늘날과 같은 높은 입시 지원율은 유지되지 못했을 것이다.

원칙 7. 사람의 장점을 보라

리더십은 인간의 본능을 이해하는 게 가장 중요하다. 인간의 본능을 이해하면 괴로움이 줄어든다. 인간은 욕심이 많고 자기 이익을 취하려 하고 시기하고 질투하고 남을 누르고 일어서려 한다. 말도 안 되는 요구를 하는 사람이 있어서 그런 사람을 만나면 스트레스받지만, 마음을 바꾸면 이해가 된다. 우리는 매일 고민이 있다. 그러나 1년 후에 생각하면 어떤 고민을 했는지 기억나지도 않는다. 리더십을 기르려면 동시에 자기 스스로를 바라봐야 한다. 친구가 큰 상을 받았다는 뉴스를 접한다. 그 순간의 자기 마음속 심리 변화를 관찰해보자. 이때 슬로 모션으로 심리 변화를 동영상으로 찍어야 한다. 뉴스를 접하는 바로 그 순간에 떠오르는 생각이다. '저 사람이 왜 저 상을 받았지? 뭔데 받았지?'

첫 30초 동안 자신을 지배하는 것은 자기 안에 숨어 있는 질투심이다. 이것은 본능이다. 이럴 때가 중요하다. 이때 본능에 충실하면, 그 상태로 유지된다. 만약 이때 생각을 고쳐먹으면, 마음속 상황을 바꿀 수 있다. 30초 후에 다시 이렇게 생각해본다.

'좋은 일이다. 축하해줄까?'

'저 사람이 왜 저 상을 받았지?'라는 생각을 버리고 '그래 참 잘됐다, 축하 문자를 보내야겠다'라고 마음을 고쳐먹는 순간, 인생은 완전히 바뀔 것이다. 마음속의 그 세밀한 움직임을 관찰하면서, 나쁜 마음으로 흐르지 않도록, 시기와 질투를 버리도록, 나보다 남을 더 낮게 여기고, 남에게 복을 빌어주고, 그들을 축복해주는, 그런 마음을 갖는 것이 바로 성공의 지름길이다.

좋지 않은 소식을 들으면 순간적으로 마음속에 부정적인 생각이 떠오르기 쉽다. 그 순간이 중요하다. 자연스럽게 그 생각을 따라가면 더욱 부정적이고 비관적인 상념에 빠지기 쉽다. 그러나 그곳에서 벗어나면 전혀 다른 긍정을 볼 수 있다. 그리고 그 긍정의 마음을 표현하고 행동해야 한다. 마음속으로만 간직하고 있어서는 효과가 작다. 다른 사람과 이해관계로 협상을 할 때에도 마찬가지다. 처음에는 정확히 합리적으로 계산을 하려고 한다. 그러다가 순간적으로 '내가 손해 보는 듯하게 일처리를 하라'고 바꾼다.

사람이 순간을 조절해야 하는 일이 또 하나 있다. 상대방이 나의 의견에 반대할 때이다. 반대하는 말을 들으면, 마음속에 순간적으로 방어벽이 쳐진다. 찬성과 반대의 이분법적 대립 프레임이 설정된다. 거의 모든 사람이 그럴 것이다. 그러나 지혜로운 사람은 반대 의견을 듣는 바로 그 순간 대립 프레임을 제3의 프레임으로 바꾼다. 너와 나는 서로 의견이 다르다, 의견의 다양성은 좋은 일이다, 다양성 속에서 새로운 것이 나온다, 이렇게 바꾸어 관계를 새롭게 설정해나간다.

사람들을 대할 때 항상 좋은 마음을 갖는 것은 저절로 되지 않는다. 그것도 노력해야 한다. 어느 사람이나 단점이 있다. 그런데 어느 사람이나 장점을 보면 장점이 있다. 물론 장점을 가진 사람도 단점을 보자면 단점이 아주 많다. 만약에 단점이 너무 압도적이어서 저 사람이 가진 장점이 도움도 안 된다면, 안 만나면 된다.

사람의 장점을 먼저 보는 것도 습관이다. 사람의 단점을 보면서 짜증내면 나 자신에게도 좋지 않다. 즐겁지 않은 것을 생각하고 살면 기쁜 생활이 되기 어려울 것이다.

원칙 8. 30초만 본능을 참아라

이광형은 또 "결국 사람의 인생은 30초가 결정한다"고 말한다. 그 짧은 30초의 순간, 본능에서 빗어나 생각을 돌릴 수 있느냐 없느냐가, 모든 일의 시발점이다. 마음속에서 이 같은 변화를 일으키는 데 충분한 시간이 30초라고 생각한다는 뜻이다. 사람 마음은 순식간에 요동하고 움직이므로, 30초는 결코 짧은 시간이 아니다.

넥슨을 창업해 오늘날 세계 3대 인터넷 게임회사를 만든 김정주는 이광형에게 편하지 않은 학생이었다. 이광형 교수 마음속에서 마이너스 기운이 올라오려고 했다. 그러나 이광형은 중학교 때의 이명수 담임 선생님을 생각하고 리옹 인사 대학의 과 사무원을 떠올렸다. 김정주가 다른 연구실에서 쫓겨났다는 이야기를 들었을 때, 사람인지라 '우리 연구실에서도 적응 못할 것'이라는 생각이 자연적으로 들어왔다. 교수는 "여기에서 상식적인 판단에 그저 따라가면 아무 변화도 안 생긴다"고 말한다.

'저런 학생들을 받아서 길러야지. 옛날 선생님들이 나에게 해주시던 것을 기억해봐. 선생의 말 한마디 행동 하나가 얼마나 커다랬는지 너는 뼈저리게 기억하고 있지 않은가?'

어떤 직책을 맡을 때도 마찬가지이다. 직책을 맡으면 권한과 돈이 주어진다. 처음에 보직을 맡으면, 괜히 그것을 다른 사람에게 주기가 아까운 생각이 들기 쉽다. 자신이 가진 힘을 확인해보고 싶은 본능이 있다. 권력은 '노'에서 위력을 보인다. '예스'에는 권력이 있는지 없는지 보이지 않는다.

그러므로 다른 사람들이 무엇인가 요청하면, 일단 안 되게 하고 싶은 생각이 든다. 본능이다. 하지만 이 순간에 생각을 고쳐먹을 수 있느냐 없느냐가 차이를 만든다. 직책을 맡는다는 것은 남을 도울 수 있는 권한과 돈을 확보하는 것이다. 그렇게 생각하면 기분도 좋고, 많이 도와주게 된다. 사정을 들어보고 가능하면 도와준다. 생각만 바꾸는 것이 아니라, 직접 행동으로 실천하는 것이다.

원칙 9. 상대에게 이로운 존재가 되어라

인간은 기본적으로 자기 자신을 보호하고 종족을 보존하는 본능을 가지고 태어났다. 그렇게 때문에 수억 년 동안 동물이 명맥을 이어왔으며, 그 후예가 우리 인간이다. 그래서 인간은 이기적인 동물이다. 인간이 사회생활을 하게 된 동기도 단순하다. 다른 사람들과 모여 사는 게 자기 자신에게 이롭기 때문이었다. 인간은 자신에게 이로운 사람과 함께하고 싶어 한다. 나에게 도움이 안 되는 사람은 멀리한다. 이것은 당연한 이치이다.

상대방도 마찬가지 생각을 한다. 상대방에게 이로운 사람을 가까이하려고 한다. 이때 상대방에게 나는 이로운 존재인가 아닌가 생각해볼 필요가 있다. 여기서 인간관계의 가장 기본적인 비결이 나온다. 내가 다른 사람에게 도움이 되는 존재가 되어야 한다. 그래야 상대방이 나를 가까이하려 한다. 그래야 내가 필요할 때 도움을 청할 수 있다. 리더십은 사람을 내가 원하는 방향으로 이끌고 나아가는 것이라 말하기도 한다. 사람들을 내가 움직이기 위해서는 먼저 내가 사람들에게 이로운 존재가 되어야 한다.

이광형은 몇 년 전에 이것을 연세대 철학과 김형철 교수의 특강

에서 듣고 무릎을 쳤다고 한다. 그 뒤부터 어떻게든 상대방에게 도
움이 되는 존재가 되기 위해 노력하기로 마음먹었다 한다.

이광형을 있게 한
만남

전환점이 된 사건

나는 이광형에게 물었다. 오늘날 그 자신을 누가 어떻게 만들었다고 생각하느냐고. 그는 잠시 생각하더니 입을 열었다.

"우선 부모님의 헌신에 의한 산물이겠지요. 행복한 가정을 만들어준 아내 안은경을 동반자로 만난 행운도 있었고요. 아울러 세금을 내어 공부시켜준 국가와 국민, 학교들 그리고 4년간 유학 자금을 대준 프랑스 국민들이 저를 만들었다고 생각합니다."

그러면 그의 인생에서 큰 전환점이 되었던 사건은 무엇이었을까? 생각에 잠겼던 이광형이 입을 떼었다.

"첫째는《에디슨 전기》를 만났던 것. 초등 2학년 때 이 책을 읽고 과학자의 길을 정했습니다. 둘째는 대학 입시 낙방이 아닐까 합니다. 요행을 바라면 안 되고 진실되게 해야 한다는 것을 배웠습니다. 셋째는 좋은 교육을 시켜준 대학교와 대학원의 입학을 꼽을 수 있겠습니다. 넷째는 프랑스 유학을 빠뜨릴 수 없습니다. 거기서 컴퓨터 공부를 하게 되었습니다. 다섯째는 카이스트 교수로 임용된 것입니다. 카이스트는 저에게 활동공간을 마련해주고 훌륭한 제자들을 만나게 해주었습니다. 여섯째로 《료마가 간다》라는 책을 꼽을게요. 이 책을 읽고, 공적인 마인드가 중요하고 그것이 영원히 사는 길이라는 것을 깨달았습니다. 일곱 번째는 정문술 회장을 만난 일입니다. 이분을 만나서 무슨 일을 하며 살아야 하는지 알게 되었습니다. 여덟 번째는 책 《제국의 미래》를 읽은 것입니다. 이 책은 어떻게 나를 성장시킬 수 있는지 가르쳐주었습니다."

정년 이후, 그는 무슨 일을 하고 싶을까

이광형이 정년 이후 카이스트를 나아 그리고 있는 미래가 있을까. 그에게 물었더니 다음과 같은 대답이 들려왔다.

"우선, 빅 사이언스 히스토리를 공부하여 좋은 책을 쓰고 싶습니다. 우주의 탄생부터 태양, 지구의 형성을 거쳐서 생명체와 인간의 출현 과정을 연구하고, 더 나아가 인류의 미래를 연구해 저술하고 싶습니다. 그동안 공부한 것을 학생들과 함께 나누고 싶어서 이번

학기에 1학점짜리 강좌로 개설하기도 했습니다.

또 제품에서 과학을 배우는 RSP를 활성화해보고 싶은 꿈도 있습니다. 중학교에서 배우는 수학, 물리, 화학, 생물 등의 학문이 실제 생활에서 어디에 쓰이는지 알면 훨씬 즐겁게 공부할 수 있겠죠? 예를 들면 토요일 오후 학부모와 어린이들을 대상으로 자동차 판매장에서 자동차의 원리를 소개하며, 그 속에 담긴 과학을 설명하는 방식은 어떨까요? 회사 입장에서는 상품이 잘 팔리고, 학생 입장에서는 설레고 흥미롭게 과학 공부를 할 수 있을 것입니다."

마음속의 책

《제국의 미래》

이광형이 실리콘밸리에서 연구 프로젝트를 딴 회사는 한국인 박상일이 설립한 PSI이다. PSI의 박상일 사장은 후에 고국으로 들어오고 싶어서 귀국해서는 원자 현미경을 제조하는 파크시스템스를 설립했다. 나노 수준의 물질을 측정하는 반도체 공정 등에 많이 필요한 장비이다.

박상일은 이광형에게 예일대 교수인 에이미 추아가 쓴 《제국의 미래》를 추천했다. 이 책은 제국으로 발전한 국가의 성공 요인으로 '관용'을 꼽는다. 이 원칙은 국가뿐 아니라 개인과 조직에도 적용된다고 말한다. 이광형은 이 책을 세 번 읽었다.

이광형은 카이스트와 정보통신부가 설립한 한국정보통신대학교를 통합할 때 두 번째로 이 책을 읽었다. 카이스트가 한국정보통신대학교를 흡수하는 상황이어서 한국정보통신대학교 교직원들의 불안감이 상당했다. 이용훈 공대 학장이 통합 추진의 실무 책임자였지만, 그 뒤의 행정 처리는 교무처장의 몫이었다. 이광형은 인사 관련 실무 책임자로서 한국정보통신대학교 교직원들에게 카이스트 인사 제도를 설명할 때, 《제국의 미래》를 들고 갔다.

"저는 이 책에 나온 원칙에 따라 할 것입니다."

10년이 지나서 이 교수는 다시 한 번 그 책을 정독했다. 2019년 다시 교학부총장으로 임명받았을 때였다. 뿐만 아니라 수십 권을 사비로 사서 카이스트를 이끌어갈 리더급 교직원들에게 나눠줬다. 포용과 관용의 중요성을 알려주고 싶었다. 높은 지위나 우월한 위치에 오르면, 자신도 모르게 권위를 세우고 싶어 하고 인색한 태도를 취하고 싶어 한다. 《제국의 미래》는 그런 마음을 제어하는 브레이크였다.

《료마가 간다》

두 번째로 영향을 미친 책은 시바 료타로가 쓴 《료마가 간다》이다. 전남대 모 교수가 빌려준 여덟 권짜리 세트를 읽고 너무 감동을 받아, 후에 직접 사서 또 읽었다.

료마는 일본의 메이지 유신을 이끈 실질적인 공로자로 손꼽히는 사람이다. 혁명이 거의 성사되어갈 때, 료마는 그 후를 설계했다. 정부의 요직에 어떤 사람이 적합하다는 뜻을 전하기 위함이었다. 그런데 그 명단에 료마 자신의 이름은 들어 있지 않았다. 왜 료마라는 이름이 없냐고 물으니, 자신은 해양을 개척하겠다고 말했다. 메이지 유신이 성사된 얼마 후에 료마는 자객의 칼을 맞아 죽었다. 33세 나이였다. 그러나 그의 이름은 일본인들에게 영원히 살아 있다. 이광형은 이 책이 공적인 일을 하면 영원히 남는다는 것을 일깨워주었다고 말한다.

《에디슨 전기》

어린 시절에 읽은 《에디슨 전기》는 인생의 전환점을 준 책이다. 초등학교 2학년인 9살 때, 농부였던 아버지는 갑자기 이광형에게 숙제를 내쳤다. '나의 희망'에 대해 글을 써보라 하셨다. 쓸 말이 없었는데 마침 그때 읽은 책이 《에디슨 전기》였다. 초등학교 2학년생 어린이는 종이에 큰 글씨로 '나는 에디슨 같은 훌륭한 과학자, 발명가가 되겠습니다'라고 썼다.

아버지는 그 종이를 너무 좋아하면서 벽장에 넣어뒀다가 손님들이 오면 보여주면서 자랑했다. 내 아들이 과학자가 된다고. 아버지의 이 격려는 일생 동안 흔들리지 않는 나침반이 됐다. 대학 입시를 치를 때 친척 중 한 사람이 의대 진학을 권유할 때 약 10분 정도 흔들렸을까, 과학자는 한 번도 요동하지 않은 인생의 목표가 되었다.

정년퇴직을 맞아 이광형은 돌아가신 아버지를 다시 떠올린다. 35년 전 이광형이 카이스트 교수로 부임했을 때, 아버지가 연구실을 방문했다. 아버지는 책꽂이에 있는 《명심보감》을 자세히 들여다보았다. 중학교 때 학교에서 독서 숙제가 나와서 샀던 그 책이다. 당시 아버지는 《명심보감》이 14세 아들의 책꽂이에 있는 것을 보고 매우 기뻐하셨다. 그런데 그 책이 교수가 된 31세 아들의 책꽂이에 여전히 꽂혀 있는 것을 보셨다. 아버지께서 물으셨다.

"어떤 교수가 되려고 하느냐?"

갑작스런 질문에 잠시 머뭇거리다가 이렇게 답했다.

"존경받는 교수로 은퇴하겠습니다."

이광형 교수는 2020년 봄 아버지 산소에 가서, 그동안의 교수 생활을 보고드렸다.

이 땅의 수많은
이광형을 위하여

하늘 높이 팔을 벌리며 솟구친 세쿼이아 나무는 인류역사의 축소 판 같다. 가장 키 큰 나무, 가장 잎이 무성한 나무의 영광을 세쿼이 아 나무가 차지한다. 위키피디아에 따르면 미국 레드우드 국립공 원에 있는 하이페리온은 살아 있는 나무 중에서는 115.92미터로 가장 높다. 평범한 건물의 40층 높이다. 면적이 가장 큰 나무 역시 세쿼이아에 있다. 셔먼 장군 나무는 부피가 1,487세제곱미터나 된 다. 높이도 83.8미터에 이른다.

그러나 어느 순간부터 나의 관심은 포도나무에 쏠리게 됐다. 포 도나무는 너무나 볼품이 없어 보인다. 가지는 말라 비틀어졌다. 키 도 작다. 부피가 작아서 땔감으로도 쓸 일이 적어 보인다.

포도나무의 진가는 그 열매에 있다. 포도송이가 얼마나 많이 열리는지, 지지대를 받쳐야 포도나무는 겨우 쓰러지지 않고 버틴다.

나는 시간이 흐를수록 이광형 교수가 포도나무 같다는 생각을 하게 됐다. 겸손하고 작고 화려한 치장은 하지 않지만, 이 교수는 카이스트라는 들판에 포도나무처럼 30여 년을 서 있으면서 수많은 열매를 맺었다. 그 열매 하나하나가 보통 튼실한 것이 아니다.

이광형 교수 인터뷰를 1차로 마쳤지만, 뭔가 미심쩍었다. 책을 써야 할 필연적인 줄거리와 이유, 뼈대가 잡히지 않았다. 흥미로운 에피소드만 늘어놓을 수야 없는 일 아닌가. 다시 한 번 물었다.

"가장 보람있는 것이 무엇이었나요?"

바이오및뇌공학과와 미래전략대학원을 설립한 것이라고 했다. 이 말에 한가닥 희망을 걸고 2단계 인터뷰를 빠르게 진행했다. 우선 바이오및뇌공학과 교수들과 졸업생을 쫓아갔다. 집필의 성공을 확신한 이유는 크게 두 가지였다. 18년 만에 교수 숫자가 세 명에서 26명으로 늘었다. 두 번째는 바뇌과 커리큘럼이다.

나는 과학기사를 40년 가까이 쓰고 있다. 부끄러운 고백일지 모르지만, 과학이 무엇인지 최근에야 어렴풋이 깨달았다. 인문계 출신이었지만 어쩌다 보니 과학 담당 기자로 지목됐다. 세계의 과학기술이 우리나라 출연연구소에 다 모여 있다는 착각과 무지를 벗어나는 데 오래 걸렸다. 종교와 과학의 간격을 해결하지 못해 얼마나 헤맸는지 모른다. 이 무지와 방황과 모색의 긴 세월에 종지부를 찍어준 데는 이광형 교수의 공로가 컸다.

2017년 카이스트는 비전위원회를 조직하고 《2031 카이스트 미래보고서》 작성에 들어갔다. 대부분의 대학 발전 보고서가 만들어지는 즉시 서고에 꽂히는 운명을 맞곤 한다. 이 수십 년 된 관행을 바꿔 보자는 취지에서 나는 외부 필자로 보고서 작성에 참여하면서 카이스트와 좀 더 가까운 인연을 맺게 됐다. 수십 번의 교수회의에 참석하고 개인 인터뷰를 하면서 과학자들의 참모습을 조금 더 이해하는 행운을 얻었다. 《2031 카이스트 미래보고서》 원고 작성은 정점을 이뤘다. 과학기술의 전체 흐름을 개관하는 내용을 넣으라는 '카이스트 비전 2031 위원회' 총괄공동위원장 이광형 교수의 요청은 파편처럼 흩어져 있던 퍼즐을 모아 한 장의 그림을 그리는 역할을 했다.

나는 비로소 과학기술의 전체 흐름을 통괄하는 안목을 조금은 갖게 됐던 것 같다. 바뇌과 학부생 커리큘럼은 수학, 물리, 화학, 생물학, 컴퓨터, 기계 등 과학기술 전체를 어느 정도 수준까지 올리는 것을 요구하는 고난의 과정이었다. '바뇌과 커리큘럼은 유격훈련 과정'이라는 바뇌과 교수의 한마디가 오버랩되면서 절절하게 이해되는 것이었다.

이광형 교수가 지나온 길은 어느 하나 쉬운 도전이 없었다. 주변 사람들의 이야기를 들어보면, 내부에서의 도전은 매우 강했다. 얼마나 시달렸는지 보여주는 단서가 있다. 일기를 썼다는 부분이다. 학과를 설립하고 문술미래전략대학원을 설립할 때, 그리고 과학 저널리즘 대학원을 설립할 때마다 이광형 교수는 아직 공개하지 않은 긴 일기를 썼다. 그래서 나는 더욱 포도나무를 떠올린다. 이리 저리 온몸을 비틀면서 자라는 포도나무 가지는 그 몸부림 속에서 가지가 부러질 만큼 풍성한 열매를 맺는다.

조금만 주의 깊게 살피면, 우리사회에는 이광형 같은 포도나무 들이 참 많이 있다. 하고 싶은 말이 있어도 참고, 화려하게 앞장서 서 나서지 않지만, 대학이든 공무원이든 회사든 어떤 조직이나 단 체든지 최선을 다해 일을 꾸미고 발전시킨다.

이광형과 비슷한 역할을 하는 이 땅의 수많은 포도나무들이 이 책을 읽고 '나 같은 사람이 또 있었구나' 하는 위로를 받았으면 좋 겠다.

지식인의 나이테

하이페리온과 셔먼 장군 못지않게 유명하지만 비밀에 싸인 나무는 므두셀라이다. 캘리포니아주 인요 국유림에 숨어 있다. 과학자들 은 므두셀라의 나이테를 세어보고 2020년 기준 나이를 4,851년이 라고 추정한다. 약 3천 미터 높이의 산에 자리잡은 이 최고령 나무 의 정확한 위치는 공개되지 않았다. 아마도 화려하고 웅장한 모습 은 아닐 것 같다. 다 늙어 보이고, 나무둥지 한쪽은 반쯤 죽은 상태 일지도 모른다.

한 교수가 살아온 궤적을 추적하면서, 사람에게 나이테가 있다면 어떤 모습일까 상상해본다. 어린 시절 농부의 아들로 태어나 초등학생 때 《에디슨 전기》를 읽고 '과학자가 되겠다'고 쓴 종이 한 장이 그의 인생의 향방을 정해줬다. 학창 시절과 유학 그리고 젊은 교수를 거쳐 중견교수의 고비고비를 넘으며, 이제 교수로서의 궤적은 끝나간다. 65년의 물리적 시간은 이광형을 구성하는 37조 개의 세포 안에 생물학적 흔적을 남겼을 터이다.

이 물리적, 생물학적 그리고 캘린더 나이테는 사람을 므두셀라처럼 변하게 한다. 유쾌한 외양은 점점 줄어들고, 주름살은 늘어가고, 자꾸 떠미는 사람들은 많아진다. 수천 년 나이테를 지닌 나무가 아무 흠도 없다면, 수백 개의 나뭇가지가 단 하나도 부러지지 않았거나, 껍질이 단 한 군데도 벗겨지지 않았다거나, 벌레가 쓸고 지난 자국이 없다거나, 딱따구리가 단 한 곳도 쪼아대지 않았거나, 병충해를 단 한 번도 겪지 않았다거나, 벼락이나 번개나 천둥을 단 한 번도 맞지 않았다면, 아마 그 나무는 생목生木이 아니고 조목造木일 확률이 매우 높다.

이 교수는 자신의 장점을 주로 부각시킨 책에 큰 부담감을 느끼는 듯했다. 그 부담은 나의 부담이기도 했다. 나는 그의 행적을 뒤집어 보았다. 이광형은 '외부의 힘을 이용해서 자신이 원하는 바를 실현했다'는 비판에서 자유로울 수 없다. 이광형은 카이스트의 발전에 도움이 되는 일이기 때문에 외부의 힘이라도 이용했다고 할

지 모른다. 바뇌과를 설립할 때, 학내 교수들의 다수의 의견은, 융합은 어렵고 학과 설립보다는 융합 프로그램 설립을 제안했다. 이광형은 이 난관을 정면으로 돌파해야 했다. 반대하는 선배 및 동료 교수들을 끈질기게 찾아가서 설득해야 했다. 시간이 걸리더라도 진정으로 필요한 일이라고 맞서서 진지한 대화를 나눴다면, 기부금을 끌어온 교수의 의견이 관철될 수 있지 않았을까.

이광형은 그런 정면돌파를 선택하지 않았다. 과기부에 찾아간 다음부터 학과 설립이 술술 풀려나갔다. 외부 압력에 의해 자기 의견을 굽혀야 했던 교수들도 많다. 지식재산대학원과 과학 저널리즘 대학원 프로그램을 만들 때에도 외부 자금을 끌어와서 뜻을 실현했다. 본인이 원했든 원하지 않았든, 이 교수가 선택한 방법이 카이스트의 자율성을 살리거나 교수들의 단결을 이끌어내는 데 순기능을 했을까? 이 교수와 이 부분에 대해서는 단 한 번도 이야기 나누지 않았다.

어느 곳이나 사람이 모인 곳에는 시기와 질투와 남들보다 높아지려는 욕심이 용광로처럼 늘끓는다. 필자의 경험으로는 이런 원초적인 인간의 한계를 완전히 극복한 사람은 좀처럼 찾아보기 어렵다. 어째서 이광형은 정면대응하기보다 다른 이의 힘을 이용하는 우회 전략을 사용했을까? 교수 사회의 고정관념이 얼마나 두터운지 모르기 때문에 필자가 겉넘게 하는 말일지 모른다. 필자로서는 이 부분에 대한 판단을 내리기 어려웠다.

정년퇴직임을 알고 두 시인이 시를 보내왔다. 어떤 사진작가는 흑백 사진을 찍어 보냈다. 나는 이 모습이 아주 좋게 보였다. 서로 시문을 주고 받으며 학문을 논하고, 가정의 애경사를 함께 하던 옛 선비들의 모습이 떠올랐다.

시간을 기억하고 있는
겨울바람 한 자락

그대의 젊은 열정이 다리를 놓아 찾아온 길
배움과 가르침의 둥지를 틀고
이기심도 공명심도 묻고

어언 36년
카이스트의 새 역사를 세우기 위해 달려왔네

언제나 그대 가슴속
소원으로 품은 소중한 꿈

머리와 가슴이 함께 자라
세계 속 학문의 전당으로 우뚝 솟아오르길

처음 마음처럼

남은 시간도

초심처럼

영원히 빛바래지 않을 그 길을

이제 푸른 꿈을 안은

젊은 청춘들이 따라 걸어갈 테지

세월의 크기만큼

그대를 닮은 카이스트에서

(김경숙, 〈세월의 크기〉)

이광형 연보

- 연구분야: 인공지능, 퍼지이론, 바이오정보, 미래예측
- 연구실적: SCI 76편, 특허(국내 12건, 국제 4건)
- 강의과목: 데이터구조, 지능시스템, 퍼지이론, 미래예측법, 미존
- 저서:《달팽이와 TGV》(1992),《이광형 교수의 3차원 창의력 개발법》 (2012),《세상의 미래》(2018) 외
- 포상: 프랑스정부 훈장Chevalier(2003), 국민훈장 동백장(2016), 녹조근정 훈장(2020)

1974~1978년	서울대 산업공학과 학사
1978~1980년	카이스트 산업공학과 석사
1980~1981년	아주대 조교
1981~1985년	프랑스 인사(INSA) 대학 전산학 박사

1985~2020년	카이스트 전산학부 · 바이오및뇌공학과 · 문술미래전략대학원 교수
1998년	프랑스 리옹 1대학−인사 박사
1992~1994년	퍼지엘리베이터 개발(LG산전)
1993~1995년	제철소 냉연제어 시스템 개발(포스코)
1994년	연구실 김정주 넥슨 창업
1995~1996년	미국 스탠퍼드 연구소 초빙교수
1996년	정문술 미래산업 회장 만남
1998년	연구실 김영달 아이디스 창업
1999~2000년	SBS 드라마 〈카이스트〉 방송
1999~2020년	미래산업 석좌교수
2001년	정문술 회장 1차 기부, 바이오시스템학과(현 바이오및뇌공학과) 설립
2001~2004년	카이스트 국제협력처장
2003년	정문술빌딩 준공
2006~2010년	카이스트 교무처장
2006~2012년	카이스트 과학영재교육연구원장
2009년	지식재산대학원 설립(특허청 후원)
2009년	과학 저널리즘 대학원 설립(한국창의재단 후원)
2010년	오이원 여사 100억 원 기부, 이원조교수 제도 도입
2013년	미래전략대학원 설립
2014년	정문술 회장 2차 기부
2016년	양분순빌딩 준공
2018년~현재	〈중앙일보〉 '이광형의 퍼스펙티브' 집필
2018년~현재	국회미래연구원 이사
2018년~현재	국방부 국방개혁자문위원
2019년 3월~현재	카이스트 교학부총장 겸 석좌초빙교수
2020년~현재	대통령소속 국가교육회의 위원